林祖藻 主編

# 明清科考墨卷集

## 第二冊

卷四 卷五 卷六

蘭臺出版社

第二冊　卷四

上士倍中士

福建楊太宗師歲進
興化府學具四名　方　峻　公衡

執祿之班于上士於大國而先詳其制焉夫士一也而名之爲上則與中士不同矣即中士而倍之祿應與爵稱哉嘗觀王者制祿于大國由卿大夫而遂及于士誠不欲于朝廷之上者由他途以進也（多乙涵畢發）乃有同在選造之班獨居榮隆之號此固不得與其降者同類而並觀矣蓋品既廣于甚峻則祿應詳其最優而有所獨厚於此自有所消（清利不涉擬璞）殺於彼先王之因位授食原非故為分別于其間爾大國之制祿大夫倍上士矣而上士則何如哉士之為數甚多而推之曰上則登其（將上之真旨）秩著已寡矣念大國之有上士猶王國之有元士在公侯方隆拜（脈正機老）寵崇於詔錫之餘而無特渥之恩乎故知其祿當與秩而相稱

上之為分甚微分仲之曰上則處其職者又甚榮矣考大國之

王制左史六○有○此○議○論○

上士○○餘國之大夫亦子男且有加等之禮豈於匪頒之錫而同儕之

類之教乎是知其祿宜與職而俱然也蓋有上士即有中士焉而祿

貴賤重道○樹義最大

則倍于中士而已國家有何大義惟此貴德之典是以維持夫爭競

況統上選者乎以彼職居三事之後非具淵宏之度即深貞潔之

又況○學○深○姱○豐○思○強○引

祿使僅等于中士亦中士為非分之望即在上士有菲薄之心賢才

之等何以辨與先王曰此畫天國之楨幹也天朝之錫賚所當視中

士而兩受之庶可不貳乎上之名以而大義由之以昭矣朝廷有何

以恩惟此重道之風是以感結夫賢能翊化竟上列者乎以彼身依

夫○也○然○矣○

千八六七非當代之儀宗即人倫之令品使無加于中士在上士不

上其優即在中士不形其稍絀激勸之念何由生歟先王曰此入國之偉君也公家之寵錫所當□中士而兼得之庶可允稱乎上之送也而溉恩由之以□矣然則有□崇儒右文之說欲躋上士之祿於大夫者國家亦制其娛□非以計大夫治繁任劇佐理國政其於上士原有貴賤之分也故上士以才超等倫羽儀侯國然而分閫不可以也倍於中士其優之固已無可加矣且使離蔬釋屩之彥雖致身通顯終不等于尸夜游明者之數半千之持士異乎淺之黃金相印之立取者此耳抑有執同道共業之說欲等上士之祿於中士者國勿有制其說又非也計中士品秩名數未列王制其於上士原之別也故二士即懸懷自抑風示氣類然而分閫不容紊也

此其供之數乎　將苟矣○且○使○明○經○有○道○之○儒○雅○從○先○朝○

而必　夫領袖群英　先○王○之○養○士○焉○于○澹○之○靡○衣○玉○食○而○無○所○

者○此○耳進規巾上　又倚于下○周室之班祿○其等殺于士者固不苟

哉○

堪山先生評

本題一句凡二見○不○際○限○大○闊○則○易○至○蒙○混○其所以待中士

者○先○王○頒○祿○不○見○且○澂○心○入○識○大○能處之焰稱大國○中以大義淡

思立柱○草然可推○今復暢發餘意○名論不窮○且此學識○自可儕

視恒流○

不　石点生評

# 上士倍中士

楊太宗師歲進興化府學第一名　方鴻

祿有班于大國之上士者因其位而有加隆焉夫仕既特異于士之中則祿自宜加于中士之數也酌之以倍非班祿之遞宜哉且考班祿于大國自卿大夫以外祿之所班者正不一也獨是有統率乎庶常者使不有以厚其施異其數何以令全才俻德之士感受祿之不誣哉盡考位雖未躋三事之班而辨分已特殊一命之列則因其位之次而有加隆焉而遂覺離蹤釋屩之際稱謂吉者莫有踰其隆施耳如大国之大夫其祿倍上士矣而上士之祿則何如夫大國之有上士固無異王朝之有元士也以彼承宣天室媲于一人其祿且與子男比重則此大国之上士既不同于偏陲僻壤受祿食之難豈尤

不同于蒙尔彈九嘆廩犓之難總縱祿之所受不敢上方蒲穀之尊
總而靡浙淅ゝ之下即以濠明有家之祿與之諒不至綦穀之致誤
而麥君賜于阜弃以贍多士羞也是則上士之祿即比量于大夫矣
矣不可而碩鄭重焉慎惜焉必以班之大夫者處上士之全而班之
上士者僅得于大夫之半則何也蓋上士者仕雖處于上之名而究
不越于士之內者也然分雖不踰于士之列而祿必別于士之中者
也上士倍中士有固然者同此詩書禮樂之選必有超軼尋常者始
加以上之稱而無愧苟非寵之以厚祿而僅與中士同其施恐升斗
之需不足以虞羣國士矣寧無金玉其音致惟準其制于倍則上士
得其數之盈而非以有餘為俛獲中士得其數之絀而亦非以不足

爲寡恩良以德之所造各異則祿難混施也夫士負當世望辭未嘗以寵利封殖之故動其心然恒顧朝廷以最上者加我也乃今見夫祿班于上士者即以中士之不甚相遠猶不得輕擬其隆焉其有不祗應偶擢名節以求爲大國之羽儀哉則先王所以寓鼓勵于班㢘授籍之內而使爲士者知所勉以深向上之思也意在是已其受予旌干旄之聘必有卓越倫類者斯副其上之實而無慚焉非畀之以隆祿而僅与中士等其賜恐豆區之惠不足以招致天下士矣將無杕杜空歎欲惟定其制于倍則以上視中而見豐而不疑其有過厚之私以中視上而見嗇而不貽其有或薄之嘆（高視闊步）誠以分之所處偶別則祿難濫予也夫士從田間來名甚欲以功名貴盛之勢榮其身然

每慮君人之不以獨上者奉我也乃今見夫祿班于上士者雖以中士之不甚迥殊猶不敢安于其典焉其有不樂官方嚴名從以循大國之等威哉則先王所以別嫌微于酌盈劑虛之中而使為士者知所戒以絕僭上之端也意在是已嗟嗟士也委贄雄封策名強服名山大川之氣必得之最隆者斯足表異于藹藹吉士之列第慮祿之（大家手筆）不得其當雖大國而不得食養士之報者多矣先王所由酌其制于上与中之間而使位上士者感制祿之公念受祿之厚庶幾効職以佐卿大夫之不及而足為濟濟多士之倡哉君子覽周礼造士之典而知周之所以王也

氣象軒翥風標灑落自徑書卷得來高擬芹香信乎位置之一不苟也

○○○上士倍中士

揚太宗師歲進莆田縣學第一名宋懋春

錯祿之班於上士即大國而已然矣夫上士與于中士祿亦自有異也稽其制則倍之其班於大國者不既然哉昔先王詔祿國中豈特予于京畿之碩彥哉即爲在大都而望之隆者莫不加之意焉夫量能授稽原朝廷鼓舞之徽權唯因其德之甚優而予以恩之倍數維彼伊人當亦甚幸處雄長之區而沭君王之賜也而其制遂凜然獨昭于千古班祿而及大國之大夫亦既倍于上士如此而上士則何如乎身甫離于草莽雖未得与淺明之寓等其尊榮然而幅員既廣富無有彼豐而此吝者矣詔以品望攸崇而反無以昭君恩之厚鄉未列于崇階亦豈得与三事之儕同其備壞然而名譽聿彰斷無容

混同而縣視之矣鄙以挹貺雄藩而反無以承君貺之隆甚矣上士之祿大畧視中士為準也上士倍中士大國已有然者計此大國中菁莪有咏欲棫樸有歌欲譽不稱之曰士以言乎上士而才猷美備遂以超羣倫而獨越焉稱有不及毋乃非盛世重才之思乎先王曰凡茲上士其佐理于大國亦孔勞矣而顧以霜露興思傷明禋之或缺也予則奚忍爰酌中士之祿而錫以倍焉較諸有家之寵貺而形其殺者擬諸中林之說精而已處于隆彼樹奇才以自見者庶幾抑宣力名都而咸食德于天朝也已計此大國中詩書是佩於禮樂是澤於疇乃尊之曰士以言乎上士而德業純全洵足邁與流而特出為祿有弗優毋乃非與朝尚德之雅乎先王曰唯甫上士其奔走于

大國久孔卒矣而或以終宴與懷嗟朝夕之不繼也乎則奚安唯衛中士之祿而加以倍焉毋論此郤之庶常不敢希其秩者即他邦之顯莫名卿不得也其隆後備絶徼以追歡者庶幾於周旋勝地而成邦賜于天家也已哉謂帶礪之封不及疏附士雖具不世之資無僅負笈半途之餘紙不妨從其倍而嚴戢者抑知辟雍陶淑出之無非王國之楨也上士而并其選豈待經目之爲士倍則此唯倍之欵勿容臧也從矣世而下有奸雄而懷慕并之謀而思及豐鎬王章凡大邦之英俊無一不分天子綈錯之榮則懿剬昭垂不恍睹壽考作人之風哉或謂山川之秀蔚爲人文士既表絶越之俗自又迥殊後大之漸以不妨從其倍而纖加者抑知抱異負奇之同邀一命之職

以上士而過其焉乃我雖爲中士者乎則此惟倍之數勿容加也縱
百世而下有悍辟而生覬覦之私而念及西京典制凡上國之奇特
無一不受吾君茅土之錫則遺模具在不如見人材樂育之休教至
是而錄之班于中士者更可即大國而稽其略矣
大家手筆疏剔曲鬯題義苞舉詞旨高亮迥絕恆蹊如蘇門長嘯
爲鸞鳳之音令人驚嘆踴躍

上士　宋

上士倍中士

揚太宗師歲入興
化府學第三名
林天壽 亦多

祿有差于中士者每上士之倍而知之焉夫中士之視上士其位少
有別也明上士之倍而中士之祿不可見乎且大國之中論及于士
其祿爲已微矣則豈漸殺於士之內者遂無容區別於其間乎抑知
士之名不一而有列乎士之林寔爲士之次者是雖均膺一命之榮
而祿之以漸而殺者在大國名無濫予之施焉如大夫倍上士以
言乎上士之祿也夫士而曰上則未遠乎大夫者也未遠乎大夫爵
不得以大夫之祿而槩乎士且士而曰上又已別乎士者也已別乎
士人爲得以上士之祿而槩乎凡爲士何也上士也者原設之中士
而形其尊焉皆[illegible]雖然亦[illegible]有取中士而思之矣夫士也遨遊名鄉常

念致此通顯得人民之衆而理之且邀升斗之祿以爲親戚交遊光
寵且筮仕登朝獲洊上士之淺與卿大夫相蹌濟于一堂之上亦
足爲行道之端而吾儒之慶矣而頗不使得與上士均受祿焉將岩
（徵翻 陡 段 論 闊 深）
穴之內皆竊我前賢之薄其若大國之体何而況士之祿無多也中
之與上其仕未甚懸殊也因非若士之異于大夫大夫之異于卿也
斯即槩以上士之祿〻之夫誰議其待人之固辨者抑知周室之班
祿于士不爾也吾蓋由上士以稽中士之祿而知上士倍中士云夫
（數之差於挑近誘發倍字思路獨闢）
侍以言乎數之差異也國家詔糈之典慎持一時之名器而未嘗或
假一時之名器士不以中稱其等威品級之所存已若視上士而有
別故班祿之際特以〻士之倍而殊之若曰退食自公之傾慎毋謂

融會上下書理〇貫串本題疏義〇來去分明〇開闔盡致〇其尤得力〇則起手一段〇根動全局〇中幅陡議〇絕不肯泛〇束處綰合節奇〇更使題無剩意〇洵推才入極筆〇

上士 林

上下與天地同流　二句　王步青

王道異乎霸功觀於天地而孟知之也蓋天地之大不可以補言
也明矣君子自與之同流耳何小補之足云嘗謂至仁無息固不
足者有息人主君臨天下必屑屑而彌縫之是使人盡未餘乎不
足也天地之大不然矣夫君子所過者化其即天地之化乎所存
者神其即天地之神乎蓋嘗觀乎天地之道春生秋肅誰傳六合
之遙此以知大化之流行又世自莫窺其迹乃雨潤日暄猶有生
人之憾又以見無端之補救造物自不為其偏夫然而王霸之分
小大之辨可從知也以觀君子通三極于一源而治化之爾

華嶽皆稿　○○鋒○能○義○而○鑄○偉○詞

天下之不可無王者一如其不可無天地渾々然流而不息之
為上蟠典之為下際覆載之所以無私也參三才而合撰而神功
之妙以使天下之不知有王者亦如其不知有天地與上乎合同
而化自上下々而其流無方自下上々而洪其功莫測帝力之所以
何有也其斯以為王者乎彼補苴之霸術當夫王迹之既湮未嘗
無益于生民而小惠之相濡與言大澤之旁流必且擾々其自失
于○地○王○五與集入收入之名法○將而
蓋天地無心而希世殷務者不相似也聖人無為而以功徼仁者
術自喪也人之度量相越豈不遠哉奈何三代而下惟霸功之是
艷而不思勉而進于其所為天地同流之象蓋邈乎其不可識

矣

巇之高峙之中始終條理何備善也古人文章與年俱進世

有韻末甫見輒傷才盡所謂華鐘始撞一頓聲寢者可強也向

讀漢階文嘆其翁輕清以為性結於沐以為質燠鮮榮以為詞

非尋常所能及近製多而適上渾剛精融經語之意青蓮雄之

氣務炳炳烈烈為唐之章為黎韓氏所以起衰也傑立江表領

袖英絕秋齋端錫吹四垂藍宜乎秀人偉生盡屬目欣稱也曹

漢若[illegible]

所言覽經籍華光題句發皇待此方與相稱其華力峻整最、

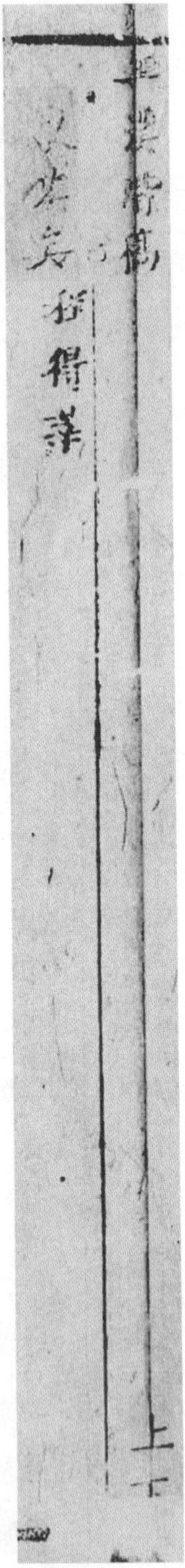

上下與天地同流

李章堉

德業通乎上下王者一天地也夫天地惟渾於無心故能流於無迹也君子上下與之同流非即一天地哉嘗思芸芸者祇一氣所甄而有心者感之而滯無心者觸之而流盈羣生日處覆載之內而相忘覆載之功原自有默為融貫者王者運也有本樂念動闢氣化之全其為蟠為際之量實與有形之覆載相循環故見天地如見王者焉一過化存神君子之德業又安可量哉一元神之默運百族享其利而不尸其功歸之蒼旻蒼旻不知歸之坤輿坤輿不受之君子之規模遠矣斂之彌約者萬彙有同原豈恢之彌廣者兩

題紙頁卷　乾隆辛酉科

開有異量一洗心之退藏㒺類托其懷而不言所利仰觀穆清穆清
猶是俯察奠麗奠麗猶是也君子之運量神奧起乎衆有者而大
（大含細入）
非能獨擅則入乎群情者一心自具化工但見天位乎上而不獨
覆也地位乎下而不獨載也君子位乎中而不啻兼覆兼載也則
上下與之同流也一孰懈懷是經緯也而民仰瞻之孰鎮定是幅幀
（[illegible]）
也而民托處之天地蓋日闢其新以任斯民之自生自息不謂君
子起而繇轉旋於寸心也矣君子以藐然之躬中處天地方退居
（剖然變軒昂）
肖乎之名然不肖以逃而肖以神故凡天地形象所共開之境即
爲君子漸被所必周之境而逃所呈者天地若對待而爲兩神所

運者君子貞參處而為三一鴻鈞之共轉已矣謂天蓋高民遊其
宇而不見崇窿謂地蓋厚民履其域而不言廣漠天地若日醇其
化以任斯民之不識不知不謂君子赳而握樞機於在宥也夫若
子以成能之身善繼天地且自靖功臣之職乃同其功而不異其
○觀○知○太○阿○之○出○亘
位即有天地生成所未遍之區必無君子心思所未浹之區而設
以位者天地且不能互易而代其權贊以功者君子殆不啻默運
○洗○發○盡○致○
而觀其會一甄陶之潛鑄已矣流以日出而不匱而未能統彼異
而各給本易涸也乃天地以悠久為德而貞恒不已君子亦以漸
○筆○未○細○能○神○想○具○又
摩為德而并養不窮化機之遞嬗與寰乘之廣運有合注而無分

選拔貢卷　乾隆辛酉科　上下與

持故大生廣生曰惟皇之降作君作師即曰惟后之綏本之涵者流自遠隨萬物之挹注而莫罄其藏流以不測而有功而未能亘古今而常貫源未濬也乃天地各握闔闢之機而化以無心君子默體陶淑之精而行所無事品物之流形與勸威之潛滋太一神（精理）而兼兩化故為始為成物各載其性引恬引養即民共洽其情源之深者流自長大一世之涵濡而偕冥其迹惟合同而化通德者在神明不在法象故流而不息類情者見天地如見聖心一彼小補者又何足云

浩氣盤旋千人皆見萬人皆見　周法華

上下與天地同流　周纘緒

極擬所流之盛、君子同于天地矣。夫天地之所流、孰得而同之乎、乃君子之化神若是、則以為同于天地也可。嘗謂人苟有濟物之功、未有不流行于斯世者也。然而所濟者有限、則所流者亦易窮。乃觀君子過化存神若此、吾將何以擬其盛乎。蓋嘗觀諸天地矣、風霆雨露之施、即俄頃之鼓動、而萬類忽覺其改觀、是天地之所過無不化也、而君子之所過若此、則舍天地無以見君子也。生長歛藏之功、無推行之迹、象而美利已普于不言、是天地之所存妙于神也、而君子之所存若此、則仰君子一如對天地也。蓋積厚者

（文妙）（如此承上）

流自光故君子未嘗擬一天而為之而其化神之不測者直若與天同其無際源遠者流自長故君子未嘗擬一地而為之而其神化之無心者恍若與地同其廣厚殆上下與天地同流乎流也者

銳文無此唯切

自此而及彼也試觀天地之春秋榮落一夕而徧而方隅非近六合非遙其流豈有涯乎乃有君子焉効能于其間而舉天下含生之衆懷方之類無不飲其和而食其德則天地之所流無涯君子

對稱

之所流亦無涯三才並立夫何間焉流也者相續而不絕也試觀天地之闔闢往來相嬗而行而一息如終古百載如須臾其流何嘗息乎乃有君子焉參贊于其中而凡斯民孩提之日白首之年

無不沐膏澤而咏勤苦則天地之所流無或息君子之所流亦無或息合同而化又奚疑焉蓋惟其蘊之于內者有以體天地之撰合天地之理神明默成無一不與天地相契而固已通乎聲臭俱泯之表敵其施之于外者有以恊天地之極弘天地之用德洋恩溥無在不與天地相合而非徒事于崇效卑法之文此王道之所以為大也區區小補云乎哉

寫同流處君子與天地是一是二又不差遺無息章公家言惟其切所以佳也原評

如何是同流如何是上下與天地同流洗發無餘精神透露庭

闈海偉觀　上下集

閩

## 上下與天地同流

庚子　邵　基

王道符于天地、而所及為無外矣、夫上下之間、皆天地之所流也、而君子之流于上下者、亦如之、王道之大、寧可量哉、且古今之積而大者、必推天地、誠以惟天下濟、而與地同功者、止有一天也、惟地上行、而與天同施者、止有一地也、及觀王天下之君子、而恍若（所入皆子拍合感動）而大之名、天地不能以獨擅矣、一響徵諸君子之所過化、而所存神焉、一夫此過也、存也、寧可以畛域求乎、列服之際、矣不難繪圖而指數、而原于一人之德意者、獨有無遠弗屆之模、吾何以測之、亦測之以上下而已、抑此化也、神也、寧可以耳目限乎、聖王之觀聽非必閩而靡遺而出于大澤之旁敷者實有不疾而速之象吾何以統之亦統以上下之所流而已且夫上下者非君子所獨謂之（反作如此洩精神出處體之）境也未有君子以前而天位上焉地位下焉天地固先君子而濟其利然而上下者非天地所獨（獨往獨來）流之處也既有天地之後而作之君焉作之師焉君子實並天地而宣其猷吾見其與天地同流也蓋天地之流于上下者（二義精切不粘）以兩而化盛德發為大業而四時以行百物以生任萬有不齊之數莫不胳其致用之弘者此天地之化流于上下者也天地之流于上下者以化而君子之流于上下者亦（理究氣定略無蒙障）以其化當夫成功丕振之日喜則為雨露怒則為雷霆仁則為春

上下與天地同流（孟子）　邵基

生義則為秋肅而天地之化至此者君子之化亦至此焉直與為同運而已矣天地之流于上下者以一而神日新歛于富有而循環不已綿亘無窮極散殊高下之紛莫不涵于沖漠後寂者此天地之神流于上下者也天地之流于上下者以神而君子之流于上下者亦以其神當夫至德發皇之地聽之而與聲索之而無臭付之為无妄運之為不測而天地之神至此者君子之神亦至此焉直與為同體而已矣出震見離之後萬物各稟天地之性命故自有天地之流而上下間皆維新之象矣君子之亨屯出險亦有

財成輔相正是同流之實

財於上下之勳其時日星呈其晷度河嶽效其懷蘇凡生成于天

詘者皆生成于君子也而更何一物之弗被也哉一元會運世之遠萬物不出天地之範圍故自有天地之流而上下閒皆悠久之道更說到後世文意合節滿乃尔矣君子之偉烈豐功具有維持天地之勢其時賢親貽于孫子與利被于萬年大造有無方之益者即王澤有廣運之量也而何論當時之倫德也哉區區伯術不足與較矣

談理之文出以豪邁同宇寫得玲瓏透徹理極精湛詞極發皇揚之高華按之沉實洵快事也　張曾璵

上下與　邵

上下與天　句

江南魏學院科覆　蘇州府學一名　陳世治

論王道之大以天地自爲者也夫化育流行上下昭著天地所以爲大也王者身爲天地而有不與之同哉孟子謂吾思王道至于過化存神大矣哉如天之無不覆也如地之無不載也蓋天地者萬物父母而王者萬民父母也父母斯民之盡乃與覆載同寔矣何則天地以一而神王者所以繼天地之志而運一心而莫測天地以兩而化王者所以述天地之事而達四海而無外則爲仰觀于天資始者流于上也俯察于地資生者流于下也不待主者而兩儀付之雖出自溢蓋萬古而流于富有之藏萬古而流其日新之盛者矣然而高明

配天行健者流于上也博厚配地厚德者流于下也雖在天地亦受其栽成資其輔相蓋勳猷燦爛于日星之表大化漸被于率土之濱者矣其同流乎吾未見天地所流而止于其量者也王者之咨得萬民胥成萬物而並包于無外也同天地之賦百昌焉陰陽之和不長一類雨露之滋不私一物也曾見天地所生之人而王者使一夫之不獲天地所生之物而王者使一物之失所耶吾未見天地所流而猶爲有意者也王者之賞以飾喜刑以飾怒而鼓舞于無迹也同天地之運四序焉未嘗有言咸發其意未嘗有爲各成其功也曾見王者之勸民也有異于天地風雨之施王者之威民也有異于天地雷

運之用耶其授人時而限之為春秋冬夏經九野而奠之為南北東西所以制天地之流者也固同流也其敬五事以保兆民之咨寒怨暑調二氣以奉一人女對時育物所以助天地之流者也亦同流也蓋天地所以磅礴絪縕而其流不息者氣不息也王者召和而明有禮樂幽有鬼神無非一氣之充塞其與太虛而同出矣乎天地所以通復變化而其流不滯者理不淆也王者建極而遵王之道遵王之路無非一理之斂錫其與太極而並運矣乎此神化之妙所以風動乎四方而永賴于萬世也而民風之皡皡宜矣

所謂流者乃神化之所流也既上則皆與天地參及配天地套語

上下與天地同流（孟子）　張勿遷

# 上下與天地同流

山東劉學使月課　張紉遷
萊州府學一名

天地不能獨成其化、王者之業也、蓋天地大矣、人擬之而不形、而曰同乎、乃王者已與之同流矣、是之謂王者耳、且夫有天地而天下皆（從天地○說起上）在其運量之內矣、乃一人出而天地若不能獨擅其事、而德業遂有所不讓、夫極天下之大、天地之廣、而惟一人焉能與之相際、而不相多、則此一人者、亦與為開出之奇、而萬物于是乎不能極、何者、彼其過者化、所存者神矣、是豈可第謂之君乎哉、吾直謂之為天地而已（說○天○地○從○出○清○字）、夫天地之化、其流自分耳、天流其始、地流其成、清清焉數附于萬有、一人者千百世不能已也、而真有自盡其職者、而不能以相借天地（即○補○同○字○為○妙）

人其流本合耳天以流而下濟地以流而上行洋洋焉鼓舞于宇宙之間者千百世未嘗分也而真有合同而化者而不容以相捻是天地已有其不同而人何以興之同是天地亦自同其同而人何以與之同而君子非矣而德業神矣今夫人不能輕言天地者以為天地乃莫並之稱耳而何君子觀之則竟以為可配也夫道以功用為量耳天地之流其化育乎天下無物而不有無時而不盈顧君子已若是其博乎無窮也而又何間焉上下之間若垂位以待君子之來行而已矣今夫人動靜舉言天地者以為天地無不偏之流耳而自君子處之則備以為有感也夫道以漸被為質耳天地之流其變化

乎紛或倚君子而補其偏或賴君子而制其變蓋君子周旋於其
間于不測也而又何歉焉上下之際自相推以聽君子之廣運而已
矣天地鼓萬物而不憂君子之及于天下者蓋亦極其勞心之事也
而何以謂之同不知人之不可知者雖微之而不信人之可共見者
即不言而已喻明明乎天自高也地自厚也君子自參也而況乎更
有懸能名之蘊哉天地自有生而已然君子之學于天地者蓋亦極
其效法之能也而何以謂之同不知人之未嘗身受者雖後言之而
不見人之既已身被者乃約言之而有餘韻焉天常覆也地常載
也常贊也是孰能欽觀其神化之速哉嗚呼此王業也吾安得

未八石

吉○韻○○○○○○

何而譁譁乎其間也。

不鋪張參贊陳言。即題着解。神韻無窮。韓慕廬先生

入手先將天地之流斷破。折入同流。不煩言自解矣。尤妙于即借

天地翻出同字。真乃超而又超。通篇處處從天地逆起。亦得截上

法。至其用筆飄忽。造句雋永。周作者本色也。

江下書院

# 上下與天地同流

蔣拭之

王道同乎天地、其所及者爲無外矣、夫天地之流於上下者、化神之爲也、而王者與之同焉、其所及者寧有外耶、今夫鼓萬物而不與聖人同憂者、其唯天地乎、發育之功、無心而自化焉、機緘之妙、不言而化神而運行於成象成形之際、而主宰於無聲無臭之中、此天地之所以爲大也、而君子之過化也、轂數之感孚、實有共樂其與渝者、浩浩乎莫測其推行之所屆、君子之存神也、心思之格被、實有忘其性命者、渾渾乎不知其鼓舞之所周、其上下與天地同流者乎、上與各爲之流者、天統元氣、故晦明晝夜經之而爲文、地統元形、故

先措天地之化神截清題界

次以君子合

上下字流字說得清寔

而高深錯之而為理顯仁藏用此法象之所以無窮也自有君子
之化神而德恩之汪濊足以俾職覆職載之能是流於上者天也流
於下者地也而君子亦若以分為之流者與之上際下蟠而已矣上（二義不刊）
與下有共為之流者天道主施故風雨露雷油然其下濟地道主受（添一句不典確不工緻）
鼓水火山澤坱然其上行易知簡能此絪縕之所以無間也自有君
于之化神而盛德之彌綸足以配資始資生之運是流於上復流於
下者天也流於下復流於上者地也而君子亦若以合為之流者與
之上升下降而已矣萬物之靈蠢剛柔亦幾不齊其類有天地以容（寥動小補）
之而遂相安於俯仰之寬其所深潛者廣也君子者後天地而生而

德與之合中天地而處而位與之參則夫戴天履地之倫皆其化功之所洋溢可知也萬物之情欲愛惡亦多無已之求有天地以給之而轉相泯乎生成之感其所包舉者弘也君子者見天地之道而與（精至確切）為財成觀天地之宜而與為輔相則夫高天厚地之澤皆其大用之所範圍可知也豈曰小補之哉

分說中串說後合說寫得同字八面玲瓏而無一意複疊惟其講于章法精也而詞義之純粹典博更非可湊集而能董次歟

上下與

上下與天同流　　魯[火奎]

觀同流于天地、王道之大可想見也、夫流于上下者天地也、而甚于竟與之同、爲王道之大何如乎、今夫天如此其高也、地如此其厚也、窮疑運行之象、惟天地獨擅其長耳、孰是可與并量而齊觀乎、及觀過化存神之君子、而又爽然失矣、彼其身所經歷者豈必家喻而戶曉哉、而黎民於變不戒而孚其化焉者、即其游焉者上、抑其心所存主者豈必眾見而共聞哉、而四方從欲不疾而速、其神焉者即其流焉者也、夫流而不息者、非天地乎、而君子一天地也、是亦與之爲同而已、天覆于上、地載于下、資始資生在天地上

不能同其流行之數吾知君子當此不過此處而大之間各得此
命之正已耳誰能與之合其德耶然而春溫秋肅若天之神化所
流也海融嶽峙若地之神化所流也平章協和者亦即君子之神
化所流也豈復有物焉足以阻其聲教而使之不得暨訖于中外
乎直與天地相與化裁而已天道下濟地道上行知始作成惟天
地乃得與同其周流之運若夫君子當此不過共居高深之論名
安日用之常而已又孰能與之休其撰即然而盈虛消息者天
神化所流也動靜剛柔者地之神化所流也教養生成者亦即君
子之神化所流也又豈有物焉足以抑其勳業而使之不得充塞

上下與天地同流（孟子）　魯燵

于宇宙乎直與天地相爲推行而已　夫陰陽之愆伏山川之崇竭八地有不藉者皆賴君子爲之調燮也是故聖作物覩而高明者極于無疆仁漸義摩而博厚者入于無間固不必別其孰爲君子之流孰爲天地之流其同運而並行者並非崇效卑法之拘　也然後嘆王者之規模爲獨絕也　且夫星雲之景慶河海之清晏天地無或乖者皆得君子爲之參贊也是故丕冒無方而戴君子者一如其戴天安貞不易而履君子者一如其履地固不必分其何者流自天地何者流自君子其同體而並用者并非仰觀俯察之規規也然後嘆王者之勛猷爲獨大也　者之神化若此豈曰

小補云爾哉○

精神溢涌詞采繽紛斐然可觀○

上如揖下　三句　　辛未　王紱

儼執圭之揚其手、而更即色以規其斂焉、蓋手者、心之應、色者、內之徵也、持乎於上下之間、而不茍即安焉、慎斂於執圭者誠正乎人之敬事者惟心耳。得心而應之手，則容必恭也。而勢之中又有讓為根，心而生於色，則容必莊也、而莊之無遂生畏嚴于夫子之執圭見之矣。鞠躬如不勝、猶執而言之也。吾想其時雍穆而出歟歟而納。凡執圭者，孰不肅手稱盡，斂容承命，間亢墜於典型表變恭於風采，以卒免隕越羞哉。而吾于此獨有以見夫子也。不觀其可容于上下間乎，天子上衡，國君平衡，有常制也。特恐勢迫於會

亦而心失所憑依武者誤此度耳吾有規之以中而低昂有節祇

任其自然而制禮者轉欲的摹其矜慎則撙議之而聖人之神在（手是天手勢）

為捧者當心攙者當帶有定則也特恐志體違其令而分寸喪厥

對不免戲謔咎耳吾子制之以平而高下不踰祇循其成徵而識（意思不語）

敬者反覺獨有其心發則比例之而聖人之所存為如揖如授手

與心齊有上下而仍無上下平兩無觀此時之夫手手圜鐵齡而（不交懸）

有常心轉展動而不奪也無襄與樽之無風負知禮之名何至重

形慄然思生為何如物者當賓人沐敝以先大君南面而臨使

若哉俯而進其所鋼赫贅累黜以恭之者非僅伺恩泣時之森嚴

矣予小臣躬膺厥職其敢云從心不踰也耶臣拊髀雖與式之怵（必不敢到）
邑
惕鑠以進乎紫宸瞻帝之儼何時敢詠忽忽況夫執圭爲何如事
者自大宰賦授以遂始則入朝而受總則出郊而載其所淵然帶
四牡以歌之者非等使攬時之制藏矣乎小臣身襲厥事時發云
豈容自中也變色而將惟於衡之高者不過是耳勃如戰色何惕
以出盂敬之至而手從之亦猶之舉而色肖之無使臂而使指
哈詩緩上書與對面輔下亦側排高弁
乎鞠隨鞠躬以進也形于外而動乎中色即寫不勝之狀也豈與
足之蹜蹜子真欲于斯執者哉

題忌有註疏氣尤忌有穿鑿痕跡題作寫細膩渾成自堪嬰到

元白○殷會卷

不襲三禮字面、拾得六籍膏腴○夫惟大雅、卓爾不羣○起既巍

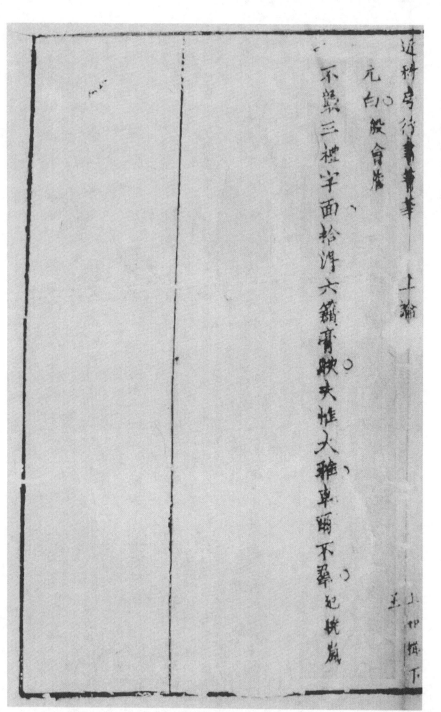

上如揖　四句　　壬申浙江　屈作梅

由手容以逸足容可遥想聖人之重圭焉夫手也色也足也夫子無容心也記者歷擬之亦曰尊圭即所以尊君耳且以大聖人而躬行聘禮統言之而既見其多所矜持者稍言之而尤見其多所（夙度端嚴）欽柬奉天家之法物而持行表其嚴恭通人主之殷勤而容貌昭其儼恪試曲為揣摩廣為比例覺一心不寒而慄即四體不言而喻也鞠躬如不勝子之身容若此而吾試進擬之夫子蓋深體魯（本劉新國叙得簡而明快而禮無淺）君重圭之意也想遄征之日司鐸布幕丁寧門寀臣告備于吾后維時受書展幣公當稱以揖之臣敬積以授之夫亦必謹其嚬笑

肅其捴諸則秉斯圭也直不曾輯五端于明廷而嘗敢貽譏相鼠致損宗國之羽儀夫子蓋深體鄰君重圭之心也想入境以後庫門度并而廻廟門朝服而納維時奉纓述命君南向以揖之賓東（泠泠如振玉）面以授之夫亦必尊其瞻視慎其步履則捧斯圭也真不曾薦六彝于太廟而寧敢見譏茅鴟致失鄰封之譽望吾更見夫子之手容矣高不若鄰子之仰而迹近拜跽卑不若晉侯之俯而形同授（不行不敢極整極斂）贈于是就上與下以權之則見為如揖如授焉而究之夫子且自衹乎上下之迹也吾更見夫子之色容矣非堂都以出甲而儼際干戈非卻萊以歸田而既臨軍旅于是就勃如者以肖之則見為

如戰色焉而究之夫子且自忘乎勃如之貌也吾更見夫子之足容矣未嘗曳其輪而趦趄者恐蹶于後未嘗艮其趾而跼蹐者慮躩于前于是就蹜蹜者以狀之則見為如有循焉而究之夫子且自忘乎蹜蹜之形也數者分著其敬覺筆有不能盡書者惟是低

管前章襯

昂協其衡氣象改其度進退凜其防則為介時之齊慶原無異為

托情文備美

擴時之莊重而堂階晉接非徒守家風而佩偃僂之絲數者合顯其敬覺有不能盡述者惟是抑揚劑其平形神變其常步武齊其節則出聘時之嚴肅原無異入朝時之端凝而壇坫周旋非徒重國體而貢冠裳之飾是可進觀夫享與覿矣

新科墨集

考据詳慎氣體高華惜不令出一頭地

論語

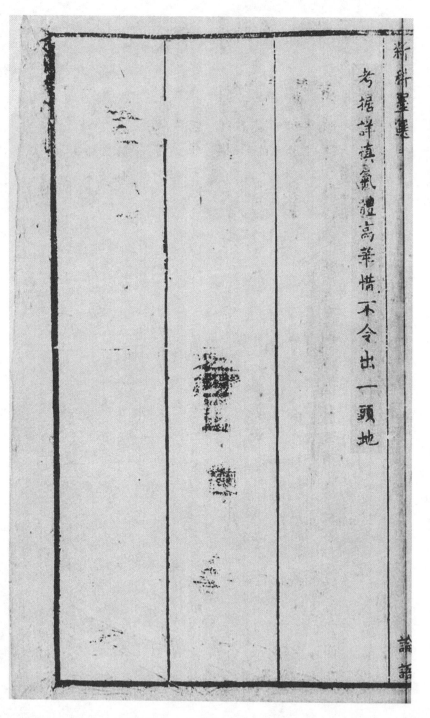

上如揖 四句

壬申浙江 胡鳴倍

進擬聖人執玉之容、析言之而敬彌深矣、夫手足顏色之間、皆至敬之所凝、則踧踖之擬、固未足以形其全也、記者所爲歷接之哉、嘗考列候之相見也、來朝宗國、高卑俯仰、志其愆（秩合典集）、授玉束楹、視流行速、彰其慢、彝瑞之際、蕤蕤嚴哉、（變格）吾夫子祇承聘事、非必有意加度、而操持希不越乎恒經、震動者忽改乎常度、則夫綜全體以形容、而翼翼小心、有不僅見惟躬是瘁者矣、如子執圭而鞠躬如、固已挾敬謹之全神以出、而持行色象間、尚未見何如、則試進而微之、一益自凜天顏乎咫尺、夙夜在公、固嘗拜手而璧賡颺、正色而勤

禮切

襄贊而二節以走一節以趨複以凜栗厲王臣之寒蹇則當其肅

旋擗陛早已著轉汞而怫動履之荷若夫美泰使于皇華主器在膺太廟入

擬敬貢任低昂于奉手彩蝶嬡于尔顏而趨中采齊行中肆夏儀

以委蛇鳴退食之閒：：則道夫報命鄰封何以消卑亢而卿蹌蹌

轉語○窖○針

之度乃觀夫子則異甚聞之禮執國君之器平衡今者奉信圭而

將事而撰下衡于天子是備也齊綏提于士大夫是卑君也焉乎

刻○本○尊入○細○

可惟是敬心之聚者秉節與心而相準既抗墜之不形亦軒輊之

吞紙則以為上如揖下如授也有然、禮色容厲肅今者承詔命于

行人而目動眙議于燒國是無以合兩君之好也戲豫見刺于風

人是委君命于草莽也烏乎可惟是心之結而為戰栗者色不禁頃失其初將如震而如驚矣載色而載笑則以為勃如戰色也而然禮執主器行不離地樂前曳踵分者拾級聚足升自西階而成為疾趨之欲豫或等趨展于异行將奉天王之頫玉而失墜隳虞（灌○止○還秀○）承大君之寵命而錯履致咎也烏乎可惟是心之預防夫隕越者足亦若難安其素周道自形平坦我行祗覺次且則以為足躩之如有循也有然從來儀恪之神情多由衆致迫而泰焉恐有縱焉（雄○健○渾○脫○）即逝者乎夫子以無形之嚴翼徵有象之寅恭而五官皆載中懷之純敬以俱來止其所者泰盈昭一定之繇正爾容者奔足假循

德之訓而持平不原于節制亦端莊非設以成心廟堂之大典揚起恪共畧而觀焉懸有毫釐失之者矣夫子以類定之神明發時宜之態度則小節亦本內念之精誠以昭貫執其中者端拱倍嚴手磬折見於向背趨蹌更凜若冰淵而高下之尺寸胥融亦視履之其旋允叶夫如是而聖人執圭之容乃全矣

細紙貼沒約後戶尤觸然　發寶安

恩若有神理不空綺端莊雜流麗剛健含婀娜

上如揖　胡

堂堂正正
躋騰之師

上如揖下　有循

壬申浙江　二名　徐紹鑑

進身容而析觀之。所執彌形其少似已。蓋第謂執輕如不克。猶未盡
形容之致也。合手與色與足以觀。夫子寧第鞠躬爲然耶。今使主
器在握。而俯仰徒諳乎高卑。視流兼識乎行速。此必非聖人所出
（全。頸。在。握。）
也。而斂抑在吾心。早默定而不踰其則。蓋官骸流露。詎假矜持而
受以節者。止其所而不遷。動以震者。逈于形而若失。此其祗肅相
將。夫且與匪躬而並凜爾。予之執圭。寧特鞠躬如不勝已哉。一命覓
（鏘。索。鎖。鈕。杜。古。咢。躍。水。龍。騰。稜。）
人而啟櫝。遂以思藉手于東楹。而君顏伸。庭見之威布武。奏鏘鳴
之盛。則夫斂自制而自飭者。豈必讀傴僂之銘歟。徒仰家風奉臻

[illegible]存惕心矣
而以升階或且俯拜陳于北面而神不肅而容已惰心不固而出
亦高則失奉而國以周旋者豈惟懷重器于捧盈聿昭禮度今夫（蹈有容舞中節）
禮莫大于執持上下矣夫顏色步履之間而夫子則如何也不見
其執之上下乎聞之執天子之器則上衡國君則平衡此在古制
已然也至聖寧有異焉抗之高而天揖土揖恍同肅使而還揖之（翔鏘君子形容）
下而授重授輕儼若取懷而予低與昂而劑其平斯手攜而直同（態態）
心準也則以為如揖如授有然不見其色之勃如乎聞之君子之
容舒遲見所尊者齊遬此在凡事皆然也執器寧有別焉神明詎
有震驚而介冑之形在壇坫面目頓加厲肅而樽俎之地有折衝（筆正峯）

神與氣胥改其度斯文事而亦寓戎容也則以為如戰色有然不見其足之蹜蹜乎聞之端行頎霤如天弁行勦勦起履此在玉藻有然也般聘享或昧屬寡君須矣而武之接者幾幾步以難移吾千乘前而迹之殘者仍闔豚而不舉步與趨各凛其防斯節嚮而還同後車也則以為如有循又然至德豈煩斂戢而持行與色象交承而名著其精夫手容恭而佩玉揚休色容莊而秉齊協履乎昔形儀之整肅具有常經今者奉命隣封而顧鞋心以掉也則垂纓授介何為乎所以器安其常者亦貌呈其變而平準可細卑亢之際亦莊重不開慢易之風取容尊事張皇而手足與神形逆起

上如揖



而彌彰其愼夫拜手以颺而令色昭于紳笏習容以出而奔走效于堂階朝廷儀度之森嚴曾無過舉今者行人受職而傾隕越貽羞也則圭璋特達安在乎神以神與俱凝者亦躬與俱捧而捧玉可參曲禮之贄亦改容不異攢承之節夫子之欽謹如此

插字堅而難移結響凝而不滯　廖古檀

中三股摘寫題面字：精確如畫家鐵畫銀鉤前後亦數情並茂文采葩流此清廟明堂之器也　廖倩行

上如揖

廣西沈學院歲試
永廣縣學一名　黃日進

擬聖人之手容可先以上觀之也夫子之執圭安有所謂上者哉
曰上焉不過如揖而止矣故先為擬之且執天子之器則上衡
其上焉者從乎有定者而言之也夫執之宜于上者固不從降而（便從如字著意）
使平而敬之準于平者又烏容抗而使上乃于無所為上之中而
欲姑傳其上之概則擬諸形容其度已畧可想矣吾試徵夫子執
圭之手容夫自皮弁入次以前賈人之櫝未啟此時圭未在手也
（題前襯入）
所以曲揖迎賓子尚得以舉手答主人之敬乃垂繅襲玉而往擯
者之告已通此時圭固在手矣則雖三揖納客子何暇以拜手書

直省考卷所見二集　上論

使者之謙然則子惟以手承圭而已安有所謂揖哉亦惟手與心齊而已又安有所謂上哉雖然手無所為上也别乎其名則有上矣上亦無所為揖也從乎其似則如揖矣聞之禮有所謂天揖焉有所謂時揖者焉揖之為等不齊矣苟就揖以論而還曰上凡上之甚于揖者不已多乎然揖非能盡乎上而以擬執圭之上

原許尺寸在心

則其上無多惟揖乃覺相當而能不失乎上之分是以大略而觀

然

之天揖固上而時揖亦上也上原無寛境也聞之禮有揖門左者

隨手轉換

焉有揖門右者焉揖之為用屢遷矣苟就上以論而僕曰揖也賦揖之見為上者又安在乎然上非專屬於揖而以擬執圭之上覺

舍揖以外上即嫌其已甚而轉無以得乎上之真是以平心而察之門左之揖可如而門右之揖亦可如也揖自有大凡也（七○妙）使無心以任其上而上之變而不居者翻若（語○妙）以轉運自如而無以寔其上之之境擬之如揖而上乃不啻受以節也蓋上無方而揖則有方故概言上而上為虛位不能按其屢變之容觀于揖而上有定名儀已立其一成之則使有意以判其上而上之確而有據者又若以形勢既隔而反得限以上之之程擬之如揖而上又不啻游于虛也蓋揖有象而如揖仍無寔象故既言揖而有可比之倫似于（靈○心○妙○腕○一○曲○一○勝）上僅傳其半曰如揖而寔無可判之界則即上已會其全合之下

直省考卷所見二集

如援而夫子執圭之手容固安往不得其平者乎

根據平衡立竿見影只寫半面而全面都員寫生妙手

上加　評

上如揖

丙辰　黃永年

擬聖人之手容可先以上觀之也夫子之執圭實有所謂上者即曰上如不過如揖而止矣故先為擬之且執天子之器則上衡焉其上焉者從乎有定者而言之也大敬之宜于上者固不得降而使平而敬之準于平者又烏容抗而使上乃于無所為上之中而欲始傳其上之概則擬諸形容其度已畧可想矣吾試徵夫子執圭之手容夫自庋弁入次以前賈人之櫝未啓此時圭未在手也所以曲揖迎賓于尚得以舉手答主人之敬乃垂繅襲玉而往擯者也告已通此時圭固在手矣則雖三揖納客于何暇以拜手鳴

使者之謙然則子惟以手承之而已安有所謂揖哉亦惟手與心濟而已又安有所謂上哉雖然手無所為上也別乎其名則有上矣上亦無所為揖也從乎其飾則如揖矣聞之禮有所謂天揖者為有所謂特揖者為揖之為等不齊矣苟就揖以論而遽曰上也凡上之甚于揖者不止多乎然揖非能盡乎上而以擬執圭之上則其上無多惟揖乃覺相當而能不失乎上之分是以大略而觀之天揖固上而特揖亦上也上原無實境也聞之禮有揖門左者為有揖門右者為揖之為用屢遷矣苟就上以論而僅曰揖也則覺之見為一者又安在乎然上非專屬於揖而以擬執圭之上覺

璣

以意定開累索不著

妙

數語活相

做引證見詳

今於以外上即無其已甚而轉無以得乎上之真是以平心而察（筆意到餘調命妙）
之門左之揖可如而門右之揖亦可如也揖自有大凡也（毛絲）使無心
以任其上而上之變而不居者翻若以轉運自如而無以實其上
之：境擬之如揖而上乃不齊受（語妙）以即也蓋上無方而渾則有方
故概言上而上為虛位不能按其屢變之容觀于異而上有定名
躐以立其一成之則使有意以判其上而上之（兩義迴環心如旋珠筆如丸）雖而有據者又若
以形勢既隔而反得限以上之：程擬之如揖而上又不啻遊于
虛也蓋揖有象而（實心妙腕一曲一勝）如揖仍無實象故既言揖而有可比之倫似于
上僅傳其半曰如揖而實無可判之界則即上已會其全合之下

如授而大予執圭之手。容固安佚。不得其平者乎。
執圭國之器。則平衡原無上之可言。合參下句。方見全身文處
處善用活筆。刻畫精妙。愈轉愈靈。可為半句題之極則。顧仲温
納全于半。亦留半于全。思靈筆雋。法並優。侯司璐

## 上如揖下　四句

壬申浙江　張賓

進身容而擬執圭之象、皆載敬以傳者也夫〻子以敬將事、故即手與色與足而亦載其敬、此固並集于鞠躬之餘者耳、且人臣手（筆花噴薄）奉簡書與其多之為美以修文不如累而遞進以彰敬也蓋舉止悉遵器所徵萃一時之官骸血氣而形寫其神寬妙此心之震動（沉著）恪恭而意司其契故劼毖交相為用而摹而繪焉益令人三致意于其際矣鞠躬如不勝此特就一身渾言之也而夫子固何如者（熠〻如從月出）度不離乎袺襘而禮先典瑞迭著德符聖人非為其貌也寡君赫（是）濯之赦靈俯仰同之故好整好暇遂妙柔嘉維則從容步武之用而別結其儀事共徵諸淑慎而望重觀瞻動閑舉措聖人早密爲懋也使臣一節之高卑國體因之故委々蛇々並挾意諭色授神行宮止之休而備徵歟範今夫聖人者心止于符義形于色而周（再擧道甚）旋胥中規矩者也聞之執主器者國君平衡然參差凌節誰知隆重之文聖人弗膠于一定而從心不踰服膺焉而還疑肅拜端拱焉而無致帶垂[illegible]其象殆在上下其手間也見以爲如揖如授焉抑聞奉聘使者相屬以禮然隕越以貽誰徵強力之容聖人折衝樽俎而義以方外誠慮戈矛反開于玉帛以故齎栗轉竦于几筵（典而切）此其象殆得勃焉而興者機也則以爲如戰色焉吾夫趨柔齊行

肆夏寧容以逡巡為者聖人隨時立則豈必有物以緣乎其迹恍
若接武而等于不翔動足為法者雖安規矩之常而轉少餘地焉
以自托竊以為縮縮如有循焉至人日月之光豈関修飾而邦交
雲霞之色淵岳之容
事鉅遂合一體之揖讓盤辟而默受其裁思夫上冐無等下夷易
褻既無由戰勝于朝廷而又重以趾高之概則進退逍啟鮮萌矣
如天之福行人執事初將而敬慎不敢惟恃此不卑不亢者為彌
綸故剛氣不怒初非故示競競而視履考祥亦豈聊從踽踽一人臣
壇坫之間半懸跼蹐而動合神明一任無心之轉運密移而隱從
運題如一串牟
其今念茲權衡在手輕重因心本期無失色于同盟而更濟以不

尼珠

愆之步則鳴佩俱中律度矣兄弟婚姻夙好藉是倍敦而嘉

望惟爲之遜進遜進增以傳風旨故不競不絿盡是寸衷裁制而令

儀令色如覩三變輝光𠀤吾黨于鞠躬之餘歷歷繪焉者也

鹿以則

太傅之茂令史之聲端明之滿紙絢爛皆薈萃于斯文摩古擅

上如揖下 四句

壬申浙江 楊疇

繼身容而遷擬其敬主器所以獨重也蓋手也色也足也一身之
容備矣巧擬之而曲肖者又歷歷如此手器之重何如哉嘗考玉
藻之辨九容也手容則欲其恭色容則欲其莊足容則欲其重威
（不脫圭人氣）
以一身之齊遬既得心而應之亦連類而及之而況和好是純典
瑞攸關苟舉措之間一乖其則將使者聘而慄即邦家何以光懽
然而聖人真弗可及矣鞠躬不勝遜足盡執圭之容哉夫分器以
（截然分點何等老當）
周旋既以執輕不克者見操持之謹慎凡奉者當心提者當帶高
下倒有常儀特恐張獲敝積之餘時孔蹉矣或者改乎此度進璪

圭以義事既以平衡是主者妙指臂之從心頓爾容無作爾足多
縮即席非無明訓特恐受玉兩楹之際禮甚繁矣何妨亦以從容
爲抑知有不然者今夫執持之要手容爲重其在禮曰凡執主器
操幣圭璧則尚左手蓋言謹也則吾目于一俛一仰之常而想其
古藏公明
不亢不卑之致蓋猶是上也則已如揖矣無論特揖旅揖旁揖：
用經不蔚
分多寡亦無論天揖時揖土揖：有親疏之第即積相入門之後垂
如入字分：寸：聯：然
繅而出屈繅而納儀若奇擇則不足肅擇則有餘抑猶是下也則
已如授矣無論授貴人授上介授有尊卑亦無論南面授東面授
授分主客第覺廟中致命之時歷階而升當楹而送擬以佩委則

已非俯垂亦不似當斯時也低昂合度豈同左辟之宛然斟酌因心弗愧淑人之如結將見恭于手者自能不失色不失足乎乃夫子則更有甚本欲弭兵戎之勢而轉以有異有嚴類容容之已猛夫勇敢強力之士戎容則暨暨言容則詻詻頌不請襲將之是修者竟同一介之相遜乎慎爾儀者變爾色悅誇勞而卻藥兵似舉袂而靈儼鉞翼茂夫子合兩劉遜欲而又有三軍之懼也其執如戟色也有然矣必從舉踏之高而顧以一前一却法圖脉之遺制夫據武布武之常端行則顧盼如矢作行則劍劍起屢乃不謂委蜷以自適者竟盤桓而不進乎躁其心者襄其足若鱉易而值鬼

輪之占似念祖而法循墻之訓矣哉夫子不為履道之坦坦而同執龜之惕惕也其蹈蹈有循也又有然是則憲官箴之應者手為先故奉重器于宗邦無庸或高而或下唯平心有度貴介上衡提緌之間觀表裏之符者色與足為次故衍天觀于舉動無非中矩（精徹周到）而中觀治之勝叢之仍然好整以暇之素蓋未之參不于[illegible]

内無乏思外無遺物筆墨所到動若有神劉舍人云篇之彪炳章無疵也章之明靡句無玷也句之菁華字不妄也惟徐者可稱美具

上如揖下如授（論語） 程鍾

上如揖下如授

程鍾

記乎容之上下而適見其平焉夫上下似非平矣然揖與授之間相去幾何記者適以擬執圭之平衡耳聞之禮凡捧者當心則夫上於心與下於心皆非也況國之重器乎抑知圭玉在執原自協其適中之度故周旋中禮不妨擬以參差之形即一俯仰間有不卑亦不亢者則夫子之執圭豈僅如不勝已哉其手容更可得而觀矣稽古聘義三揖至階三讓後升上介執圭如重授賓ミ受如爭斯時也其或有所低昂焉否乎而今方執焉非其時也且夫執主器者天子上衡國君平衡大夫綏之兹之圭侯國之圭也使有

一二起即得題旨

四句體認極真

兩路夾寫恰符箇中

特而上則隣於天子有時而下則夷於大夫即不至乖違以貽隕越之羞將毋軒輊而蹈亢墜之失夫子豈其至此夫然而夫子之執圭直謂之平衡焉可矣而何上與下之無定位乎哉顧夫子未

從下字看出上字

嘗有上也特因乎下而加以上之名則以爲如揖云揖於門揖於階非無揖也而當其執圭胡然而揖也非揖也其上也如是而上

點睛欲飛

則上焉而仍不甚遠於下矣夫子亦未嘗有下也特較乎上而始

從上字看出

下字

有下之形則以爲如授云授以饋授以篚非無授也而當其執圭胡然而授也非授也其下也如是而下則下焉而仍不甚遠於上矣揖與授兩事也上與下懸而不相及也兩形之而合參之圭有

下總不使手之離於心手看上下總不使圭之越乎衡貽其平也不失執玉高而其容仰與夫受玉卑而其容俯識者譏其嘉事之不體矣以範之之執圭之手容非盛德之至自然而中禮者歟

既曰平衡而又有上下只是形容手與心齊一句耳文覷破此者筆筆爽朗字字警醒 原評

## 上如揖下如授

褚寅亮

即以聘禮擬手容、可以想執中之妙焉、夫子之執圭、亦何至上下其手哉、即擬以上下、亦不過援聘時之揖授為例、曰平之至也、且手為艮象、嘗讀易至艮而喟然曰止之時義大矣哉、頤止而不膠于止見臂指從心之樂、不止而適得乎止、徵肅恭靜鎮之儀、一為曲擬見聖人手容協艮止之義、無出位之思、蓋即以聘禮為節度焉、子之執圭既鞠躬如〻不勝矣、夫身容愈俯則手容愈亢奉持以進得毋有尊無與上之形乎、既重莫致之自鮮克舉之失墜為憂得毋有降而漸下之勢乎、記曰執國君之器則平衡謂上不擬

靈心慧語

天子下不偏大夫此亦固然特是以鞠躬如〻不勝者當之或上
象
或下間恐未必其適中也以觀夫子心與手相謀上不在上下不
在下守至正于中心屢遷而不易其方內與外如一自上下〻自
下上〻儀權衡之有定萬變而不離其宗斯亦何上下之可按哉
妙悟來麻便見聖人同而寔異氣
無已請觀于其揖授蓋揖授固行聘之禮節也始則每門每曲揖
矣總及廟門而揖入矣繼且三揖而三讓矣從後諦觀何知為上
是一是二拜同
例以授而差下焉揖乃從授而上名矣賈人啓櫝授介矣上介屈
寔忘其名
繅授賓矣使者襲衣授櫝矣從旁審視幾忘為下準以揖而差上
焉授斯因揖而下名矣吾黨微窺夫〻子手容上下亦第如之云爾

上與下虛位也律以揖授則虛而有定方其揖八寸之纓繁長尺之組我后聲靈寔式憑之矣上下之間敢任情哉特是人之氣可使屏而肅人之手難使膠而罔抑揚升降得毋微露參差之致乎（和墨吮毫精思細逹）予則以揖與授者關之應以虛中靜而不失吾正執以兩端動而適得吾常上也下也亦于無可區別之中微為區別焉耳揖與授寔象也姑謂如之則寔而非拘彼夫賓則升堂致命公則當楣再拜兩國交歡在此一舉矣揖授之間敢隕越哉特是事所專注每主一不他迹出偶襲恐游移莫據高卑俯仰得毋微有偏重之弊乎（如字想入非非）予則以如揖如授者象之不使全居其名揖授僅屬微茫之朕

狀第便略似其意上下秋成相去之幾希揖也授也亦手莫可擬議之中聊為擬議焉耳蓋上臨亢下近卑大國開一邦榮辱小亦（括盡三傳無數事）倦一己災祥威儀足徵夫定命豈予當講信修睦時而忍為此態也首並縱縱未並肩襟攝尺寶于寸衷聯兩手以一心分扌不可以少瑜豈予當考禮一德時而忽改此度也進擬其色更何如者

言如吹影思如鏤塵關尹形容道妙吾以持贈斯文　潘楚拔先生

疏說平衡如何又說上下既說上下如何又限以揖授畢竟揖授相去界限幾何如字又怎生似法參到此境萬竅玲瓏精精兒空空兒　朱鄧雲

起訖分明

圓整

考核精當預伏下字無迹

再截下字更渾成

沈宗師歲試 福州府學第 名 取進 黄春雷 振綸

# 如揖下

手容不過高可更觀其下矣夫如揖以擬執圭則上之手容可見矣上既如此不可更觀其下乎昔夫子具時中之德舉凡揖讓威儀無不中禮豈有過亢與過卑之誚哉故恭敬是將亢者不至其爲亢而從容相接卑者豈失其爲卑則當聘禮方行而執輕如不見者業已高不過亢又奚患傎越於下耶吾子執圭鞠躬之容既如不勝此入門時也至於升堂由階下北面西上則手難與心齊矣而夫子獨先以上見者何哉闗之執天子之器則上衡國君則平衡下焉爲大夫則綏之再下焉爲士則提之吾子奉使列邦執

讀會倫眼還如揖正面引証確切

揖字倫生出許多波瀾輕舟已過萬重山

國君之主宜平衡何有以上聞哉。然容之有俯仰猶儀之有上下也。總時介者三揖至於階夫子之上蓋如揖云揖非必有進與退之文第見夫子矢翼翼之心而奉者當心無所謂上也由下而視之則為上矣遥而望之有如三揖而進者焉有如三揖而退者焉揖非必有將與旅之異第見夫子呈抑抑之儀而提者當帶不知其有上也由下而較之則似上矣即而擬之有如孤卿特揖者焉有如大夫旅揖者焉今夫揖亦不同矣推手而上者為天揖兩手平推者為時揖推手少下者為土揖揖之有高卑由手之有上下也吾子執主器以將事非如鄉飲酒之禮入門將右曲揖將北曲

左顧右盼經緯胥映有帆隨潮轉之妙

天然妙証

如題而止不溢一黍

工對絕對

法熟機圓

揖也豈卿大夫士三揖在下故以如揖表其度乎然不由下而上之無以見手容之恭而不由上而下之亦無以見磬折之度也不可再觀其下乎由手與心齊之說知執圭之無可下也執圭而有事於下則衡烏得其平乎試思晉之惠公受玉惰其容俯識知者其先亡夫曰俯則下者失其為下矣夫子之執圭諒不流於俯歟由手與心齊之說知夫子之未嘗下也夫子而有事於下則禮何以卒度乎試觀魯之定公受玉卑其贅替論者謂其近大夫曰卑則下者難為下矣夫子之執圭殆不至於卑歟然則執圭之有下亦猶如揖之儀而自成其為止也高不過仰固存其難其慎之思

畢不可踰亦凛有馮有翼之意觀其如授是下之協乎則合之上適見其平衡也子之執圭見於升階時如此

沈大宗師毘甫老夫子評

擷三禮之精液為文之波瀾水到渠成幾忘為題位之窄至心靈手敏尤其餘事業師東岡林　銓評

有書有筆融洽分明業師采昇陳廷煥評

黄

上如揖　四句

壬申浙江　鄭步雲

禮以平衡爲符而敬心有餘於手容者矣夫如揖如授子之執圭適得其平衡也而色如戰足如有循孰非敬之分見者哉且天下捧持之象其嘗攝皆由乎心準以心而不得其平則失色失足遂有國而服疾者矣夫雖聖人心凜其節即形止於符而正色同也毫之驚奔足並金枕之繫此所以周旋磬折而隕越之羞以免也（定而嚴之局）鞠躬如不勝夫子之身容已如此夫就執圭而論則身容之作肅自可分觀而手容之必恭更難合度（上輕○按○）秉謐嚴敬積之文禮行廟見誰不思正爾容也所慮者㬎器重矣而試以低昂任厥咎則捧盈

孰玉轉（紆徐為折）無異于苞苴笥簞之摻北面著陳書之義君立當楣孰不念趨而進也所難者典瑞膺矣而偶以抗墜爽其衡則受賈屈繅何以表此琮璧琥璜之德我聞國君平衡古者執圭之禮上下之辨綦嚴矣夫子無所謂上也以為上為儗諸天揖時揖而不盡形容豈致爭於奉同而奉瑁夫子無所謂下也以為下為儗諸授凡（點次玄雅）授受而未能曲肖豈復躋於或緩而或提宜上宜下之際不上不下之交斯真夫子執圭之容而即從鞠躬中見之者也夫如是則其志不驕而其氣不懾（折以取姿何其宕蕭）寶命罔憂于或墜將見嘉德在懸柔色在璜何必無開類觧寮之歎且其禮不亢而其貌不卑服膺已著其

上如揖　四句（論語）　鄭步雲

有常正使行以肆其趨以承齊何妨有翔步從容之樂而孰知夫
子又有不然者隨君黼御黻以行衣裳之會寧有戎心而不解子（玉山高並兩峯寒）
之色何以變也夫身之使臂方以均而得平而面之如心轉以震（緊縮）
而難定倉皇樽俎之際而折衝之象呈焉故當自圭璋將迭雖以
耀德而儼若觀兵附上介行人而後咫尺之威非無餘地而不解
子之足何以促也夫捧之當心既分明于袷帶而足之步目復隱（纍纍如貫珠）
約于橋衡蹌蹡廟堂之上而御曲之徑成焉故當時執玉不趨雖
欲驟奔而常虞曳踵以為如戰則色勃然也以為如有循則足蹜
子也亦孰非如揖如授之心所連而相及也哉既執爾類復良爾

顯而合爲以照其修而徽義秉禮彌覺端拱之森嚴乎準既齊於
心志見愷悌露於官骸邇及焉以覽其輝而懿彼垂紳猶是傴僂
愈見　徵驗焉
之委折此皆夫子執圭之容即於鞠躬見之仍不得以鞠躬盡之
也矣
取錄經義自鑄偉辭而出以閒閒徐徐自然中節諸葛君其名
士也

上如擲　鄭

# 上如揖　四句

壬申浙江　談鶴翔

擬平衡之狀而色與足均致敬焉、蓋如揖如授、則手仍何分上下乎色之勃也、足之踧踖也、所由進乎衡而昭其敬也歟、且重器身膺而僅以循躬凜三命之銘、此亦將事時所未敢自安者矣、夫使任高下之在心、而禮漸其則、將失色與失足、均迭起而相乘、惟參（局卷然）差而妙于平、亦悚仄而安於度、而宗祀儀制、早偕矜慎以俱傳、知不徒於執輕昭鄭重也、執圭之敬、於鞠躬有進焉、今夫比年修好（鳳）業磬折而訂乘佩之經、而五玉分藩、豈奉持而跂平衡之舊、矧戰（起雲飛）兢為懷、氷履唯謹、而敢以上下其手者、先致詡譏封哉、是可以觀

新科墨選　論語

夫子矣輯瑞頒於元后之庭而溯寵錫於天家上衡已徹乃準茲
遂字稱量出之
裕帶此際已無瀲袨舒矣而黼座固自安夫端拱行人轉有似於
縱言非果上也從不替中示以不陵要不等至高而寄仰斯無禮
之禮并忘心手之供調通好傳自小臣之手而快取攜於鄉士下
帶胡堪乃別有權衡此中早不參急弛矣而主君非雅意於還璋
分看合看恰得手與之大見圓相
使者偏呈形於委質非果下也從如抗時形其如墜原不同鄉綬
而士提斯非齊之齊適見錙銖之不爽如揖如授究何上下之足
云也嫌任情俯仰不堪登禮器之堂假軒輕之無多驗低昂之胥
泯縱有蒲無[illegible]儀分揚襲而得心斯應總符侯度以持平乃動中

周旋轉益著嚴凝之節志專而氣斯肅心固而趾胡揚將當心當帶默有維持而成與攸爭懸協手容而就範惟色與足子寧從其翊哉溫潤久含夫玉色慄皇獨間以我容情之震也貌不痺而神嚴矣夫容容之經寧必有一矢相加而虛構一不敵之憂早實呈一難犯之象豈禽獸堪慶即寫此玉穀珠槃內也擬以戰色而敵横如鷙直於樽俎凜干戈之氣際執玉而戒不趨乃舉足而如無措志之欲也步欲前而仍却矣夫視履其旋胡遂忘二節以走而接武猶徵其艮趾斯曳踵獨見其徐趨豈率由有逕更不在采齊肆夏中也擬以有循而棒盈滋懼翻於高厚與跼蹐之思色之勃

○也。足之蹜蹜也。執國君之器而敢自弛也乎。整暇有所不及。持而○儼。同拜手何興。服膺猶是。取懷詎躋。降志乃知宜上宜下。正非于（奏○揄○不○忘○）進退而窮。抑揚即神氣。烏能以自檢而暨々之容。頡呈其變。刻々之嚴已矣。其常乃知勃如躩如。尤宜于壇坫而昭踧踖。謹禮之微。因心之恪。吾子固如是也夫。

体認數如字。得真人之踵息。而玉葉晶瑩。瓊枝照曜。天然秀麗。迥非俗工所得彷摹。

上如揖　談

上好禮則民莫敢不敬　六句

敷文張麗天

上有統民之學亦惟大其所好而已蓋禮義信好於上而敬服用情應於下則學之統民大也遲其端所好哉今夫出處時也進退命也士無論窮達要必有轉移風化之念默矣於平時古之君子內可以聖外可以王其事顯於臨民之後其學裕乎治民之先蓋其所挾持者大而度量之相越甚遠也須以稼圃為問必上之學不能統民而後可而上之學無不統民也請觀其所好可乎士人之德業民望繫焉古大儒運量有具而未肅民志未定民分未洽民心其學先備于一身苟徒務于淺近苟安之圖則已陋大廷之

兩浙千刻三院會課　論語

舉動民物環焉古大臣措施有本而欲生民共欲懾民志欲動民誠其好早端于一已苟徒飾夫聲勢權謀之末則又荒然而君子（矯變）（不測）未嘗欲民敬也好禮而已禮以治內莊敬日強焉禮以治外動容中節焉而起視其民固已肅然可畏而可象也則莫敢不敬也亦未嘗求民服也好義而已義以律身中立不倚焉義以制事時措咸宜焉而起視其民固已靡然遵道而遵路也則莫敢不服也又未嘗望民用情也好信而已信以固德神明可要焉信以發志豚魚可格焉而起視其民固已肫然與仁而與讓也則莫敢不用情也蓋嘗考諸文王之學焉辟宮肅廟實爲禮教之原論者謂刑于

之家法也推之虞芮慕義以質成萬邦懷信而作孚王化所被若
日月之照臨焉由是咏兔罝者歌其肅畏行露者感其恩懷孔邇
者覩其化先王以此治昔日之民吾儒即可以此治今日之民也
韋布而有帝王之業豈得謂斧柯莫假遂昧其稱先則古之初心
又嘗考諸元公之學焉三千三百用成官禮之書論者謂雎麟之
遺意也推之東征而義堪討罪納冊而信可格天公功棐迪直明
光于上下焉由是教化行而朝野欽其制度多方誥而西土佩其
風聲豳風陳而農民樂其土俗周公有其位得藉手以展經綸吾
黨無其權宜隨地而徵挽負也師儒而具卿相之猷不得謂趨向

冊吟二吻三院會課

所存無關乎霖雨蒼生之處重望須亦端所好可矣稼圃何爲哉

起比鉤元提要光氣熊熊中間分疏筆亦簡潔入後體大思精

更有辟易千人之概原許

上好札　張

上律天時　四句

壬申山西　史傳遠　元

學更通乎上下其量同于天地矣、蓋至上律下襲則仲尼之學直與天地為昭也而其量不與之相同乎且以聖人而立乎天地之閒苟其理不足以相通即其量無能以相及惟深究乎合撰之實

（一筆五丈貫）

以默窺其所性之宏將體之而遺得其合者斯擬之而適形其肖也祖述憲章此其一心寧有遺量乎顧遠宗近守含弘既貫乎古

（大家架出）

今將俯察仰觀奉行更契乎上下陰陽遞推而後天時亦自有故常而要其變動不居者顯示我以自然之運也惟仲尼有以律之

（音抱不脫中間自無補）

而先天弗違老亦後天而奉若即極之道與時趨法隨時易任吾

幹六勢

身之仕以久速直與太虛之消息符其運行而一往一来方寸有不言之契矣剛柔既判以衆水土亦豈無少變而要其承貞不渝者早範我以一定之規也唯仲尼有以襲之而從心有矩者每屢變而不遷即極之道有常貞法有常守隨我生之常變經權直與堪與之莫定同其純一而為流為峙隱微有默合之印矣蓋至是

直落老氣無敝

而乃嘆其凝承者固極其包孕者無窮也義旨之鑰鑄靡盡而括

細針密線

而能受與隨所托而莫罄其含宏夫前有所宗後有所守擔荷之甚鉅固已極任重道遠之艱而安固之神爽克相維于不墜則以

綰抱緊

下襲者效地而即以襲之者下同其持載焉已耳寸衷之運量無

多而虛而易該則任所投而莫逃其至冐夫帝與為紹王與為承（洗伐再三）蘊藉之獨深固巳極富有日新之盛而昭融之體更克推衍于無方則以上律者法天而即以律之者上同其覆幬焉巳耳造化契于一心莫理既彌于無間藏顯參之兩大其量更廓乎無垠則含天地其將何以擬之哉

積健成雄鍊精成液寸鐵制人手段　張恪仲

步武一稟先民雜諸正嘉程墨幾無以辨　汪宗夔

鑄局之渾成眞無懈可擊好作波瀾者毋乃弄巧反拙　汪章彝

上律天時　覆幬　朱仕琇

上律天時　覆幬一　朱仕琇

聖道法天地可仍即天地以辟之馬夫天有時而仲尼律之地有水土而仲尼襲之則合之祖述憲章寧不與天地同其覆載乎今夫覆乎上而運自然之機者天也載乎下而具一定之理者地也顧天地非聖人不能契其全而聖人非天地不足以擬其藴則吾言仲尼豈特祖述堯舜憲章文武已哉夫堯舜文武固繼天地而成能者也所以古今居覆載之内者往往稱堯舜文武必以天地歸之至于仲尼則匹夫焉已耳烏在其能與天地齊觀哉而不然也吾見其〻　天時矣以陰陽之相乘也剛柔之迭運也此殆自

然者機耶有自然之運故能無所不覆而仲尼獨以其覆乎天若不違乎天寒燠備于四體變化隨乎一心殆不啻宮商之迭奏也金石之克諧也無所于律而若律之吾見其下襲水土矣以區畫之不淆也方隅之不亂也此殆不變者理耶夫地有不變之形故能無所不載而仲尼獨以其載乎地者克合乎地動靜不踰乎矩經緯不易其常殆不啻表裏之相裼而相稱也元黃之錯雜而有章也無所于襲而若襲之然則天地賴有堯舜文武而尤不賴有仲尼乎蓋堯舜文武之道即天地之道而仲尼以一身統之則仲尼不但一堯舜文武也直一天地而已矣無已則仍辟之天

地何則維天職覆維地職載是故自理而氣自氣而形以形受物縱九州異域五方殊俗從不聞有處於天地覆載之外者然則極其量即上律下襲者皆沐天地之生成而何論堯舜何論文武乎乃聖人如天聖人如地是故自形而氣自氣而理以理備物縱或識其大或識其小從不聞有致憾於聖人包舉之窮者然則極其量即天時水土且隱受聖人之範圍而堯舜可知文武可知已孰謂天地難量而仲尼易量乎吾故曰天地非聖人不能契其全而聖人非天地不足以擬其蘊也

規矩渾成上下融貫雖先正謀篇不過如是○丁酉歲姪孫從予學方丸齡喜其穎異觀其言動類老成者則尤異之年來遇以歲前才今重進晉泮矣無慮發誰能量其所至

上律天時下襲水土　戊子　南中試定　孫見龍

會上下于一身而天地與俱矣夫以時見道以水土見道律焉襲焉則會其全矣非仲尼孰能與于斯常觀自古帝王大抵崇敬天而法地者也乃仰觀俯察春秋不忒乎剛柔健順之理而其出也或未極乎自然其行也或未歸于一定乃嘆庶幾乎中和求易與清寧有合撰之能也若仲尼之祖述憲章者又奚乎異其於天時何矣夫豈不知天時之運于上者何若是流流不已也曰其自然之運則然而能法其自然者有幾人哉蓋雖同此鈞餘之門者多疑滯不然出處去就之人當能各得其宜乎而不觀仲尼乎

仲尼知之事本於穆無定，使之而惟順應乎自然。故其存之于守而實化盡神者，一動靜陰陽之象為其根也。然範之于外者經權衡協者，一消息盈虛之數爽其度也。是其于天時也，固不啻宮商合節，金石和聲矣，而謂非有以律之乎？且仲尼亦曷嘗有意以求其合哉？彼其神明之內，實有與天同運而與時同序者，則在天之時，即聖人之時也。時有自然也，庶幾聖人亦有自然之功用焉，無所事乎擬議之勞也已矣乎。意不知水土之分于下者何若之亘古不移也。曰其一定之理自然，而能因其一定者有幾人哉？蓋雖衣食寢處之間，猶多游移無主，而況用舍行藏之大，並能隨

寓而安乎而不觀仲尼乎仲尼知天下之探本自固有當也而
慎持于一定故其存之于心而確乎不拔者一於行艮止之自植
其體也其旋之于外而秩然不亂者一水源山峙之各呈其用
是其于水土也固不會表裡相稱被服不忘矣而謂非有以襲之
乎且仲尼亦曷嘗有意以逾其符哉彼其甯密之中貫有與水俱
行而與土俱欹者則在地之水土即聖人之水土水土有一定之
位置聖人亦有一定之權衡而無所容其則傚之迹也已矣夫然
而即可譬之天地以明其德矣

痛書實發揮不入游移影響其體勢高渾筆力蒼老

中庸

中庸

先生手意　張日容

實從律字襲字發出精義來確切不刊他人宕此識見無思

蔡雙瞻

會說意而以條達出之更是此題理非塵稍窺

小人行險以徼幸

湖南阮宗師録取　孫良貴
常德縣拔一名

窮小人之情狀不安吾素也蓋小人自有真也吾於所行獨之雖其幸豈可徼乎然而險矣且天下濟意之遣最難希異之福而或叢於小人之一身人將謂天福淫人神呵佞士以覘其所行寔有以於萬死一生而始似相償之不為無因哲要以卜倘然之説識長者之言必謂小人是以取之是小人真能與命共也君易俟命君子之位在焉而君子有真亦有僞素履无外是則然矣若乃修長者之容傳先王之語即不至操行不軌專犯忌諱而心存豁龂之形智工調停之術居之不安吾以訾其所行故凡偽君子

看得行險是實不僥這冬世人心冷如

收心○肝膽

者有真小人也命有正命有非正命自天祐之是則然矣至乃驕
人休之可戀慕大美之加身斯必內或禨祥外奔形勢厭貧賤為
無可奈何疑富貴為吾所自有命不可知吾惜其多此一徼故凡
非正命若雖幸猶不幸也蓋小人行險以徼幸矣天下有險之境
而無險之道境塞而道通則雖鼎鑊且甘之如飴而味且不可得
焉夫惟行其心之安而絕無所幸於後也雖有矢人賊人殺人者
之威靈氣欲於我何加乎險猶易也天下無險之道而有險之行
道不足以閑其行則以才為濟惡之具而馳騖於分外焉夫且欲
償其心之欲而又何恤乎行之悖也以故苟利苟祿苟生者之心

小人行險以徼幸（中庸）　孫良貴

精意匠無所不至焉是小人之行也其在公平之日則守攣守然
剔其窾情小信小忠陰圖西字實人咸謂其奉法順流和易而近人
矣而不知其心固有所徼也謙恭者文其詐清慎者蔽其肅誠加
名位之難於久竊所以晚蓋者真偽難知寵滿之嫌於逼人所以
燕貽者正論互用其迹似夷其中寔險而適以形其為容悅浮沉
之小人亦涉禍亂之朔則權傾中外而臣志難明勢介待攜而挺
去無擇人亦知其怨咎是囊僥倖於一試矣而不顧其行之若何
險也包藏者禍心睥睨者多禍故或無事而發大難之端釁之所
開釁流宗社無端而議非常之役賀之所蠱殃被生民其義難徵

二步寫盡小人苦

其疾先兆而總以咸其為庸惡陋劣之小人嗟乎彼小人者誤道而色慝言利則軀捐蕩無悟竟不擾其所存至於違順盡顛際之境勢窮于無所入矣則胡為而與命衡也奪壬雖可畏矜顧亦何慮天道無親其寔不幸不幸觀於上下叢慝惡之形且求無蕪於得也獨云胡不安焉素也夫豈可與正己之君子同年而語哉

有勸有戒有痛惜有鄙夷有悲憫其臚列刻酷處如祖龍驪山之役直至斃不能傷燒不能毀而後已原評

淮南鴻烈解字挾風霜昆明劫火不敢燃矣而老僧之不見不聞始為過之

小人行　孫

# 小人行險以徼幸

趙宗師歲入平和縣學第一名　曾本談

观小人之所行，唯其有所徼也。夫曰行險，則非居易矣；曰徼幸，則非俟命矣。是不可由君子而反观之乎？且事不本乎当然之理，雖坦途亦属危机；情不安乎自然之数，雖應有亦為妄獲。自心溺於所往，肆其妄而不顧其危；轉覔由正路者之為迂，此世之所以多小人而少君子也。君子居易以受命，是其作德曰休，然理則亦安有所謂險者乎？喪固有常，得亦非偶，又安有所謂幸者乎？夫圣賢未嘗不揆宜之來而隨々側變，必無強歡；吉人亦未嘗安意外之遭，而多福自求，究非苟得。而以观小人則不然，小人之心固其險也。故其措之於躬。亦無非險。夫蕩平之道。以近就乎傾側之危。幸安尚不可恃。為之事。偶有其才以相取。遂志意而行者。小人之生。固已幸矣。故其見有所求。亦無非幸。昧乎預定之天。而後逞其營致之術。舉古今不可取必之端。時有其遇之適。掊乃竭力以徼之。是為行險矣。夫險之中。何可幸。幸之中皆其險。而小人曰。天下事亦惟吾所行耳。本險也。而見為順。其濟則貪功於己。不濟則引罪於天。方且自我致之。卒不悟其行之已非。幸復何幸矣。嗟此君子之樂易自處哉。亦以徼幸耳。夫幸由險而得。險即於幸而寓。而小人曰。天下事亦何不可徼者。本幸也。而以為宜。其始但知有

## 小人長戚戚

王式丹

從欲惟危，憂心所以不釋也；夫人而爲欲所牖，未有能釋其憂者也。然則小人之長戚戚也，其亦自詒伊戚也乎。今試語於人曰：爾其棄安而就危，爾其舍樂而犯苦，雖在小人，吾知其必以爲非矣。又況終身擾擾，而初無一時之得以自遂也，誰則甘之？乃吾由君子之坦蕩蕩而進思焉，彼小人獨無君子之樂乎哉？然而小人不知君子之樂也。夫且即君子之樂一思之，而後然，前思之，而仍戚然，以爲是何樂之有也？棄不知君子之樂，而惟憂其可憂也。夫且即君子之所不憂一計之而駭然，再計之而益駭然，以爲吾久處憂之境也，竊長戚戚

（從戚戚起）（洪○小人）（搏劃長字）（作虛共得小襟法）（與不游相反此法從上末得來）（從蕩蕩翻出戚戚）（有爲樂）

也。蓋天下之求爲無憂者。惟小人也。異乎道德仁義而習於聲色貨（切定提乎）

利。其心以爲意之所欲。莫大於此也。身之所便。無過乎是也。然旋得

旋失。欲熾于中。而卒無計以相濟。欲擴之而不能。欲舍之而不忍。戚

戚者不知其所底矣。抑天下之不知所憂者。惟小人也。徂於目前之（深一層）

安。而眛于久遠之計。雖有禍機之伏。而彼不思所以防之也。雖有憂

患之萌。而彼不思所以遏之也。迨時至事起。難及于身。而茫不知所

以處。欲遠之而不能。欲近之而不可。戚戚莫其定所終極矣。況天下

事有可憂而憂之。則其憂或與境俱來。若初無可憂而憂之。則其憂（至理）

將應念而起。小人之戚戚。殆初無可憂而憂之者也。蓋心既多私。必（一意大轉）

無自足之境。位極顯榮。而恒自傷其卑。則身已富厚。而猶自嘆其窶（如見驕作）貧。旦夕集勞。以求滿志之日。而究之外誘日益者。妄念亦日增。計一（無遺其所以然）時。復計興日。念一身。復念子孫。吾心本安。而小人則常拘牽而不濟也。抑天下事無可憂而憂之。則其憂猶有待而窮。若實有可憂而憂之。則其憂將無時而已。小人之戚戚。又實有可憂而憂之者也。蓋人（對意實就針着摘說）難不肯。亦必有一念之明。仰焉而既得罪于天。必將恐天之我棄。俯（知此寒心那得不憂）焉而既獲戾于人。又將懼人之我挾仇。後不遑以為趨避之計。而究之閫度愈巧者。神明愈亂。日用之常。皆生顧忌之意。夢寐之際。亦多（後甚至此）疑懼之心。吾身本寬。而小人則常跼蹐而難安也。斯時也。苟有乘其

識刺妙

矜余以告之者曰汝本為逸樂之謀胡乃長戚戚如此也則小人聞之當亦爽然自失而悵然思返也乎

○程子役於物三字真可當五夜清鐘試觀心不役於物何從得而憂心苟役於物何從得不憂役乎物則心為物縛拘苦莫甚曹焉

德謂憂從中來不可斷絶真是為長戚戚小人代具供狀也篇中前路饑帶輕裘如不欲戰其精神力量則全注在初無可憂而憂真實有可憂而憂兩偶氣雄力厚如項王出壁喑啞能令千人皆驚○

小人長

王

小人長（戚）戚（論語）　陳永年

小人長戚

浙江顧學院歲考取　陳永年
分水縣學一名

人心之危也，憂將無已時矣。甚矣戚戚，非所以居心也，而小人止無斯從欲之危如此。今夫人勿問所處之何境而歷焉，而皆得其不樂，則其人可知也。安得天下盡坦蕩蕩之君子哉。君子豈無悲天憫人之時，然憂虞者其遇，而自得者其心，寧若色厲內荏者之不得於安聖君子豈無戰兢惕勵之懷，然兢懍者其功，而超曠者其量，非若

○從○行○險○僥○倖○

心勞日拙者之不得稍慰耶。亦可以想小人之心矣。謂險而不顧，小

○留○出○長○戚○立○言○

人未嘗不自以為樂也，然當事遇境遷之時，有不覺形神俱喪者矣。稍危不知，小人何嘗不以為自得也，然其左右瞻顧之際，有不勝

[illegible]安者矣其長〻〻也有必然者吾人之所必爭者是非耳禍
福非所計也而小人則既欲得其利也復慮其有所害故日孳孳而
謀其利者亦日孳孳而慮其害迨利未必也害已隨之而戚戚者終
無寧日矣吾人之所必趨者道義耳利鈍亦非所料也而小人則既
欲來其成也又恐其至於敗故欲其成而不能釋然者遍揣其敗而
愈不能釋然即不至於敗倖幾於成而戚戚者已無窮期矣哉小人
而貧賤乎則天地之寬終踽踽而無以自處也以有限之歲月盡消
綠於歎老嗟卑之中不可貧也不可賤也而失意之憂患常多戈
又而富貴乎 小意願甚奢雖彌得而彌歉也以可用之心思盡消沒

於患得患〻之然亦既富矣亦既貴矣而得意之態若不少仁義道

若此處轉出嫌其瀉

德之途移我情者何限而小人不知也彼其初亦或有所甚作

知月恣情極慾而爲覺無聊身心性命之理其賊我心也矣窮而小

人不顧也然其始亦甚有所自適夫孰知日縱志欲〻而轉覺所傷

析其所以爲小人也與坦蕩〻者相去何如乎

曷長戚〻極痛切曲到原批

形容題意亦見刻酷

小人閒居　益矣　方苞

觀小人之自欺、而知其終不能欺也、蓋為不善自欺也、而揜著之時、亦自見其為小人矣、而謂君子不見乎、且善之不絕於人心非觀於君子而知之。觀於小人而知之也。使小人本無善。而亦不知善之當為則當顯然為不善而無慙於君子矣。故究其情而奪其所恃則其自知之明尚可用也。今夫日用者生人不可離之事。而宴息者亦君（妙緒情出）子內自惕之時無所為閒居也。而小人乃多閒居時焉。非果閒也。特以不見君子而自喜為閒居也。小人之所謂閒居。正君子自強於善惟日不足之時。而小人同為善。而於閒居甚無益也。其時多暇而其力寛然有餘其地甚隱而其心肆然無忌既自恣於不善之中以適己又未嘗有不善之迹以彰人第覌其無所不至之時真快然於俯仰之間而無憾矣而無如有見君子時也斯時君子之意（易又微言）之誠蕭然而動于形而小人之意之欺焉而莫為容其厭然也亦其善端之復見者也而小人旋用其欺焉以為吾向之不善可揜也冥昧之中（微刻）豈有形迹之尚留而不知己留于其意矣以為吾今之善可著也言貌之間非有實事之可驗而不知己驗于其意矣此小人之肺肝也（神推思探）而小人已視之而如見也矣使小人並無揜著之情則君子或無從為肺肝之視而君子肺肝之視亦迫懸于小人揜著之心從其不能歟

人者仍其不能自欺者也夫以君子言之雖可揜可著而人莫之見亦未有自欺而為不善者而小人豈可與正言哉第告之以無益可耳。

意際語簡而氣特縱宕　慕廬先生

意義皆人所未發及拈出又似題所應有余故曰录學之文非惟後無今亦前無古　徐詒孫

婆心令眼棒喝俱下自非下愚亦當喚醒　戴田有

小人閒

江蘇劉學院歲試
嘉定縣學一名 王鳴盛

小人懷惠

利心日熾由懷之一念生也夫惠不足懷亦猶土也而小人欲
有獨結于心者故又與懷刑異趣耳且人世貪黷之情入之淡泊
之心胸固念不到此而深入其中者何眷戀莫舍也蓋嘗好與之
為緣斯取携隨心所運從欲之日甘不甘于欲之深投于是而甘（徐夫人匕首）
于我之先錮其心則亦不能返從欲者而從理已懷德不同懷土（揭明劉待參）
而君子又復懷刑夫刑之外有利藪焉與斂凛之心相乘除者也
奉憲章而為下不倍則非道非義之途入其中而濟焉夫豈無嘗
嗜蓋有濃于此不得不滋於彼也遵王路而畏威夙夜則不屑不

潔之守嘗以利而怠焉夫豈無耆饜蓋不敢怠乎公自無暇戀乎私也小人不然矣不計有無不言多寡此憲典小人亦受籠焉乃不曰棄如遺惴曰扒而法銖積黍絫之意與君子儀式維型之心同其劑靜而方寸營求爰有不能割不貲金丘不求錢幣此科條小人亦宜凜焉顧不曰其細已甚而曰大欲所存頭會箕歛之術與君子守與奉法之心並其肫懇而隱微散羨情有不容掩其懷也蓋在懲已忿不貪之為寶如布有幅焉乃挈肯蓄以相遺勢本可豔小人又操豔之一念迎之兩相迎而與援為搆則南山之田兆豈之祿遂交炫於性情之地而利令智昏蓋小人力不能盡天

下之利而心似能盡天下之利寧徒門得尺得寸乎夫誦裘國有
成憲而握算持籌下同販脂賈漿之技則司稽司虣豈足戒駔儈以
紂○封○上○句○極○清○盡○致○自○
來○抑○自○慾○之○端○
而與蘋藻之廉故四維不張三倍是識至于掊克盡凳餐空而無
端覬覦尚思如願以償將未見若渴深嗜若飴者此中更不堪問
已垂賤貨之明箴如農有畔焉乃懸厚寔以為鄙境木易嚬小人
又持慕之一意嚬之互相慕而其願愈賒則例例有謙敫敫有薮
貞交戰于神明之內而情為慾導蓋小人所得之利常不足而其
得利之心常有餘豈徒曰予取予求乎夫蓋惟邦有定罰而力爭
心計時念百朋千駟之榮則豹爲鵲冠不足窮貪墨而飭簠簋之

素故不積如貫卻流如泉至乎風有隧斗有挹而瓶罍罄恥尚覺
時𢰅其情將什不遺九朝不及夕者此中更不可測已自求金求
車藥惠尊而小雅刺欒御修而史氏書束修之問有羽禁而刑能
禁小人貪不能奪小人嗜則天祿非僥倖可竊小人皆引為筐篋
中之敔物而日有華華自潤遺縞紵感則獻玉馬之嘉悅則拜州
來之帶怙侈之家厚其毒而刑以畏心嚴未必不以欲心謊則豈
區非猥瑣可窮小人皆視為性命中之急圖而日有汲汲是則更
卑于懷土矣可弗審哉
心花怒開詞源奔放俯幨括家塑而卻步豈非異才　原評

屏.

於小人耆利無恥之狀透入骨理擿詞運意漫淫書卷情味自深吾所激賞斯文雅不在多多益善。昔朱子嘗言後山為南豐作一文字南豐授以意後山窮日之力方成南豐云大略也好只是冗字多就坐間取筆抹數處每抹連一兩行凡削去二百字後山讀之則其意尤完遂取為法愚嘗言以是語學侶竊怪時賢好逞才華每以多為貴無論駁雜支離有乖義法即按題發揮或浮文妨要亦非節制之師是篇苦愛其情致為節去二百三四十字讀之覺意愈警而辭愈達雖罪我僭踰勿恤也。凡文字自八百字外鄙性輒不欲觀其或愛不能割亦然

從删節集中並不登文之有三尾者。謬從文運超見。頗知言者

鑒之。

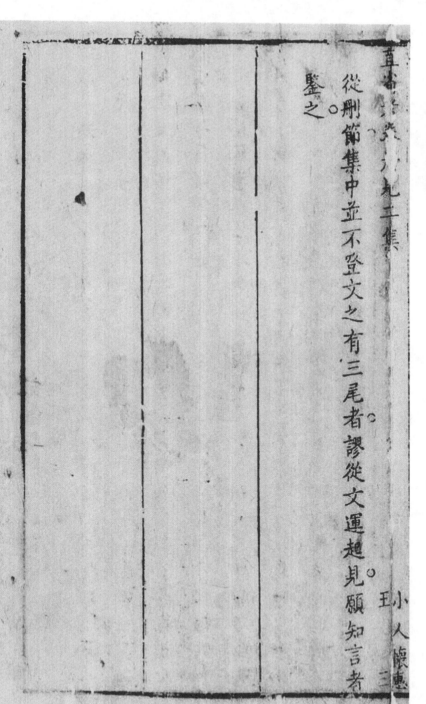

# 小人懷惠

周徐彩

以干澤為懷小人可鄙也夫惠者操之自人此胡可必得而小人顧懷之不已耶且人之好利也甚矣哉强者以力而攫弱者以術（以注中利字引入方剔得惠字出）而取既已取之矣後致飾其名自諱貪婪之實予人懷慨之施而（不言利而言惠仍所以飾情刺骼之）目之曰惠自惠之說立而人之心術乃愈不可問矣吾因懷土之小人而譯言之夫惠者原非不善之事也（惠字先揭起一層方決得懷字醒）其出之於君上而投養攸衣以踰其禮則謂之養賢其行之朋友而投縞紵以達其情則謂之交際其飄也舊其辭其受也準諸義然而端入詖士猶恐（再一步入小人）挾莉得之坊以杞贖貨之戒再三卻顧不敢冒昧也而奈何有懷

小題　卷下　家塾課本

之者也出門而交人必先揣其人性情之素一似乎慎重者然〻（藝一筆而乃更偏得）而彼之所慎重者不問其賢與不賢問其喜與不喜也任恤之舉聞於宗族鄉黨之間吾乃百計以暱之則於財賄而緩急有所必周望門而託足必先觀其人勢位所居一似乎尊勢待者然〻而彼之所期待者不顧其行道於人顧其行賄於我也嫌赫之權易為舉手投足之事吾乃罄心以結之則其力足而請謁有所必得困（有此兩覷乃越見小人之可鄙）窮無告必待惠而後鮮苟非給其求有奢〻不振者矣我自顧何如竟同於無所復之者以乞憐乎溫飽之念重面目之愛輕得人亦可得寸亦可何其細大之不捐一生立志惟此藩身之貨耳一田

野小民秪以惠我為德苟上屯其膏有歎歎怨咨者矣我豈不自知乃以劉其利者等所見於鄙人乎圓頓紛影之多漸則愛盈篋之不飾念慾而在釋慾而在不惜形神之交戰百折不回惟冀室中之藏耳于取于求而無厭彼專利之小人其被利者何限乃小（是以與上句對針處）人有見於前而無見於後縱極刀鋸之可畏一念之貪亦忍而不能去也一顰一笑之恣愛過潔己之君子欲損惠也甚難乃小人（懷字直走到盡處）內失夫己并外失夫人雖至祈請之徒勞一毫莫取亦樂而不為疲也小人哉其可鄙不已甚歟

確從惠字着想。不以注中貪字貢為冤混過。刻取情狀。方正為

若輩發其羞惡之心

筷下皆昇借室說不占寬亦不虛矣睒下所謝

## 小人懷惠　而行世情類

郝朝昇　課徒草

有貪心者無廉行也夫惠與利異名而同實者也懷之斯放之矣我見心貪者而行猶廉哉今夫得者人之所當戒者也苟未得而期其得念念思濟其私求得而必其得事事務徇乎欲則神明多離憂日用有事營營謂見得思義之謂何而人品于是乎大壞矣君子懷刑夫豈有所利而為之也哉乃畏咎之切不啻營私而守法之嚴幾如黷貨此即正其誼不謀其利君子猶滋懼焉況患得患失行險于微幸之途以下日思哉而要非所論於小人小人之利最熟故無論趨之若鶩時覺征逐之勞而雞鳴等等常垂涎

士清享福澤小人之喻利最精故無論寵辱是登獨于富貴之內
而神明遂遂常係情乎殺乎以家夫亦曰懷惠而已矣雖然小人
懷惠謀惟是盟總獨矢寤寐已哉心之所結身斯赴之意之所造
事即因之其始多欲羨之情究以工封殖之計其終擅獨專之用
早已絕淡泊之衷盡懷者行之源也行者懷之輿也古今來擅權
固寵握算持籌所謂放利而行者大抵懷惠之心所驅馳而成者
也蓋乎內者自不能淡于其外取盡錙銖焉不嫌虛頓之莫酬處
之謂者安所得行之哉請析及分毫以微我心之寔獲夫分人
以財謂之惠既放于利則是欲思分惠于人人無能遂惠于我如

而放利內
笑[illegible]

是而小人之懷差可稍慰乎然至是而小人之懷且靡所底矣曾累厚則係戀愈多憑藉豐而意計百出彼天下雖不皆懷惠之小人乎而一思夫利不可私之義能甘心于我之獨效而行也哉一

理融法密局緊機圓鄭學止

一片神行不賦天孫織錦受業金鳳識

# 小人懷惠

戴名世

小人趨利而所懷又異矣夫見有惠則惠遂足以縶之矣非小人其孰懷之且夫小人懷土其所處之安既已溺之不出矣人且以為其身域於所安之中而不暇他及也不知其身雖縶焉而其心之震蕩馳忽且滿于宇宙之間（批：形容痛切）蓋凡利之所至其心無不至也天下之事利害二者而已君子止見有害而小人止見有利故凡可以避害者小人不為也吾身之事得失二者而已君子止求不失而小人止求有得故凡可以苟得者無不為也（批：合貪利情事）蓋其所懷又在于惠也（批：以下曲摹）小人一觸目也無非利故處處有以生其心一言及于惠而神飛色動恨不能盡

己丑々小題文選　論語

方是懷字

天下之利而取之蓋其胸中為利之所潑灑而他物不足以入之矣
小人一舉事也非無故每僥々有以多其好一念及于惠而情深意
篤盡天下之利而惟恐遺之蓋其心思為利之所攪擾而他事不足
以分之矣今夫僥幸之地不可以往謂其敢焉者必甚之也而小人

妙々透出懷字

既一往焉且往焉而不厭戀々於此而得于前又冀于後輾轉于計

對照樂刑

應者莫非是物也勢且迷其途以觸于罪戾而小人終不悟也殆于
以身殉之矣快心之事不可以試謂其苦焉者必戀之也而小人既
一試焉且試焉而不已沾々乎此而有其一又欲有其一躊躇乎[illegible]

又翻進一層

中者莫非此事也或且苟而免以不蹈于刑罰而小人弊々粗也殆

於㾠瘝不恧矣其或不意之中而有以恩波及之在君子不盡人之歡不竭人之忠也而小人則津津焉具神為之愴皇其氣為之震動若無以自容者遂係戀焉而不能截其或意之所欲而卒無有以利澤加之在君子不貪人之有不耻己之無也而小人則規規然覗其物而伺于旁憯其人而動于惡若勢必得之者終徘徊焉而不能去噫小人之懷惠如此斯以為小人已矣

又以君子作說方是此章本旨 淺發貪得人之□有甚更痛快

鬼應遁靈怪無隱形 韓慕廬先生

懷惠固是貪利意然作文必須刻畫字面此文處處在懷字着筆方不是泛作貪利話頭

小弁之怨　仁也（孟子）　張大受

小弁之怨　仁也　　　張大受

窮怨之旨即親親之仁也夫仁人未有不親親者處親之變而不怨不怨可以明小弁之心矣且讀詩至小弁而知幽平父子之間其勢為甚變其情為已傷固仁人之不忍言也幸而有不能已之心自白其不可觧之痛使天下後世讀其詞諒其意知其涕泣之戚異于談笑要惟此區區之一怨耳（從仁字遞翻入怨字）使小弁而終為不仁之人也者觀鸒斯之提提而絕不知我有于罹之感是骨肉直等于越人也而怨何由生使小弁而終無仁人之心也者視周道之踧踧而絕不知我有知禱之傷是宗社不得以諸其咎也而怨何由生哉（六救將小弁之怨四字）小弁之猶有斯怨

之○進○退○步○雖○不○得○如○下○文○天○命○靡○而○亦○不○至○絕○其○親○于○起○人○子○尊○

非消能積柔誠剿忄之思以覺悟夫信讒之君子使后得正乎内適

在○自○　滿○進○○層○緣○轉○是○小○弁○

不於？外而淺？之惻能消遏于未形也怨之深則親之至奈何其

親○○○其○仁○亦○未○為○小○弁○之○仁○矣○　欲○出○復○翻○轉○說○

道有所自止也嘻哉小弁之徒有斯怨耳未能致引咎迫切之意而

徒讒於我乎之不辰使父終不能悔禍子終不能解憂而舟流之届

折○下○一○層○人○出○本○意○

徒傷心於莫救也親止于此仁亦止于此然而其情有所未盡也不

親○其○親○非○親○其○親○之○親○

弁之為此怨非獨傷為子者憎親之不正也二后在天剡百世之業

最○是○善○論○弁○下○文○親○之○過○大○俱○動○

而終見殺于驪弧之誣能無疾首于今日之見遜辛哉憂傷諷刺以

盡吾親〻之仁不忍使前未遂傳以至于我生之愛一旦漠然相棄

耳小弁之為此怨非獨斥為親者待其子之不厚也後世子孫念先

小弁之怨　仁也（孟子）　張大受

人之緒而長抱痛于宗周之戚能無傷心于今日之被廢乎哉委曲痛悼以明我親親之仁不忍使我身所貽以推于無窮之情一旦决然遂絶耳一嗷乎不得為仁驪山之禍不能弭之于前申侯之仇不能

首句自不怨小弁自咎故人可議詩不可議

復之于後忘其親也抑甚矣若夫承歡用老愛其親者猶見於作詩之一傅而其為怨也胡可議哉故小弁之不得為不仁靡瞻靡依惟知二人之愛屬毛離裏難解生我之恩念其親也抑甚矣若夫維桑

弁小弁亦自可議然川圖當言之

不惠懟其親者終不知我罪之伊何而其為怨也猶未極焉設使並此怨而去之烏乎親我親烏乎致我仁談笑之不免何有涕泣小弁之詩亡父子之恩絶矣

宋儒釋文。取其不肯捷而回互。非兩句題串說之謂也。一意亦可
五形。不解此者。必無横斜反覆之勢。雖深暢發越。要未得筆。一幸
一惜迴環曲折。良為妙解。二后在天一脉。推所親而上。後世子孫
一脉。推所親而下。語舜之孝。必極之宗廟。饗子孫保。乃使我罪伊
何一•語。極其仁至不可量。但平王本未嘗怨。詩亦怨而未盡。推勘
窮盡。詞共心察。

小弁之　　張

小德川流大德敦化　王鏊

## 小德川流大德敦化

中庸論天地之道其所爲不息其體爲無窮蓋天地之道惟其盛也則夫小德之爲用者何消於息而大德之爲體者何有於窮乎子思辟仲尼之德以天地之道故言此以見取辟之意謂夫萬物在於天地之間固並育而不相害矣道在於天地之內並行而不相悖矣然其所以不害不悖者豈安排布置而然耶蓋自夫全體之分而言則謂之小德是德也默運於乾道變化之時（此句是時）潛乎於繼善成性之際（此句是物）句於有形而各有以形其形趨於有象而各有以象其象物得之而事類爲之感若如川之流脈絡燦然其分明無止息也道得之而萬一一順序如川之往支派貫然其明白無停機也至若所以並育

仁者又豈矯知作而然耶蓋自夫萬殊之合而言則謂之大德
昇德也涵化機於太極本然之妙具生理於於穆不已之天泯於無
形而足以橐籥乎有形隱於無象而足以陶鎔乎有象物有萬形
育之而有餘浩浩乎根本極其盛大所出無窮盡之道有萬變斡旋
之而無歉慊慊乎本源極其深厚所發無終窮也由是而知仲尼之
德其祖述憲章上律下襲發於外而爲末小德之川流也存於內而
爲本大德之敦化也所以碎聖德於天地者其心不在茲乎
他人亦知爲一本萬殊然講來鄉似一本是理萬殊是氣且有沖
大德都講得差謬如吳乙所擬爲天地之[illegible][illegible]不認得理氣界
分清楚吓此文小德[illegible][illegible][illegible][illegible]
然心道理源本如

小德川流大德敦化（中庸）　呂應鰲

# 小德川流大德敦化

六名　呂應鰲　江陰

即流與敦者以觀化而德之大小見矣蓋德本無大小也而於其化之流者見小德焉於其化之敦者見大德焉德何各足乎且宇宙一化機之所鼓也化機一太極之所宰也化化無歛而不舒之勢故有時散太極於萬物之中而不見其多化有顯而必藏之理故有時納萬物於太極之內而不見其少蓋散布與渾涵用有分著而理寔互藏也並育並行而不害不悖天地之化為之也而亦知化從何出乎觀於形化而類聚群分屈伸者何以循環而不息觀於氣化而少成久照往来者何以迭嬗而不窮夫非德為之乎德

與物為體。故專直翕闢。乾坤各著其能。而一通一復。要皆此易簡之理默宰之。德與道相依。故顯仁藏用。陰陽兩呈其妙。而一出一入。無非此貞元之理隱持之。然則德非有二也。而由散著者觀之。則德之小者見焉。由統會者觀之。則德之大者見焉。別乎淵涵渾淪之天而名之曰小。果其小也。有紛象焉。紛則散。散散則未必其出

〇不〇切〇定〇萬〇物〇與〇

之不窮也。而德則所出之數。皆本所蘊而流其用。故流於萬物之

〇品〇時〇[illegible]〇[illegible]〇[illegible]〇寄〇萬〇殊〇一〇本〇人〇[illegible]〇語〇是〇此〇緣〇於〇[illegible]〇義〇冥〇

成形而性命各正也。流於四序之推遷。而寒暑有常也。流於二曜之代明。而出納不違也。蓋散一本於萬殊。而裕其緒者在無形。即流其緒者在有象。縷析條分。而卒莫窮其遞嬗循生之妙。固無異

百川之支分派別常亘古而不竭矣雖乎纖悉繁賾之數而尊之曰大是其大也有靜機焉靜則虛虛則有似乎一物不容也而德則無物之宇即涵衆有而敦其本故敦命於萬物而乾統其終始焉敦氣於四時而帝司其出入焉敦明於日月而神運其盈虧焉蓋約萬殊於一本而散見者之布濩靡遺即凝聚者之淵源不匱無臭無聲而卒莫窺其根柢涯涘之蘊則皆此化理之廣厚淵深恒敦艮而不搖矣分之則有小德以貫乎萃動之中而流者裕日新之象有大德以宰乎至靜之內而敦者培富有之基而相對待者兩不相掩也一寔萬分不以流之不息而竭其源是萬為一不

通六遠綱看即是

道理四

以斂之。甚固而密其緘。一德之彌綸。藏於無朕。而窮源竟委。固有如是其各足者耳。抑合之則流者流其所斂。造化固無無體之用。散即斂其所流。造化亦無無用之體。互為流行者。互為其根也。散於無方。斂之即大本之立。凝於宥密。散之即體物不遺。斯德之絪緼。充於兩間。而名分類別。固有如是其交盡者耳。此不可見天地之大乎。而何疑於仲尼。

題而雖分。題理自合。所謂互藏其宅也。探喉而出。一往無滯。自是大方家數。

小德大德。分說合說。必實而周匝。　莊大中丞加評

小德川流大德敦化　和　亮

合小大以言德、進於之、而其量見矣、夫德本無小大也、然自其主于乎物與道者觀之、則川流敦化、不可進擬其量乎、且理之散於天下者、即其統於一元者也。顧統言之以見其會歸。不如析觀焉、以徵其運量。蓋化工之消息、無以分給之、則滯而不暢。大造之機緘、無以翕受之、則施而易窮。由迹象而探本原、顯為呈者、亦密為運也。物與道之並育並行、而不害不悖也。孰能使之然哉。此其中蓋有德在矣。宇宙之蕃變何窮、而害與悖各彌其隙。故帝載妙淵涵之契、未嘗過給以為勞、而縷晰條分、已不啻靜萬類之紛囂而

印泥劃沙

精中

獨瀹其鑑造物之蘊藏何盡而育與行不爽其衡故至理含絪縕之精未或隨時而有竭而推遷變化直不啻超神工之元淡而獨會其宗然則一言德而小大之形可泯矣顧一言德而小大之迹正分矣以言小德其殆川流乎夫以流之汩汩而不窮也初無挹注之勞自具瀠洄之勢今觀小德而淆之不濁者任兩間之參伍錯綜而脉絡分明在在有天機之周浹是萬派之紛紜總由小德以為之貫注句往者或竭而來者何以為繼耶有流而不息已耳以言大德其殆敦乎夫以化之生生而不已也莫罄彌綸之量孰窺布濩之神今觀大德而用之恢宏者極人世之屈伸往復而

清微潔妙一切膚詞掃除都盡

根本盛六時時有妙理之敷施是真化之出入總由大德以為之
綱維苟為物已貳生彩何以不測耶有神化無窮已耳夫以小
（巨手捫星雄文扛鼎）
大德分言之於散著者見其條理于統舉者驗其包含既具充
周之體而資始資生之妙不相為用者自分著其功則即小與大
以推翕闢之能達之亹亦復息之深支派不患其混清統會無虞
其缺畧而以小德大德合言之萬殊總原于一本一寔自具夫萬
分同此不匱之施而無極太極之眞互為其根者亦互藏其宅則
即流與化以驗盈虛之理一而神還以兩而化故蘊蓄者本無不
足發舒者常見有餘然則盈天地間皆德之所著也此天地之所

以爲大。而仲尼之大。不從可識乎。

析理則牛毛繭絲。吐詞則清氷朗玉。中邊俱徹。根柢槃深。本房

鄭鑑塘師

小德川流大德敦化

江南余宗師歲覆　姚元振
嘉定一等一名

化有其流與敦者而德之大小著焉蓋物與道皆化也而流之則見為小德敦之則見為大德、、何其盛哉嘗觀太極既生以後而二氣五行之化遂渾淪磅礴而不可窮是故有其燦著者以見布（理透而密然）濩之廉遺即有其凝聚者以見淵源之不匱分之而有可分各具一太極也合之而有可合統體一太極也試思物之育而不害道之行而不悖夫孰非天地之化為之乎而人亦知其化之所流者（形化氣化該括）果何自來乎流而為形化類則聚也羣則分也一闔一闢之机夫固有默宰之者矣流而為氣化歲久成也明久照也一往一來之

大實有隱撰之者矣則所謂德非乎且夫天地一德而已矣專

（此說只將○合○○虛○說○透）

其翕闢之道罔非易簡之所綱維而顯仁藏用之源祇此貞元之

所互嬗夫豈有異德也乎哉然德一也而從其散給若覩之則見

為德之小焉名之為小正其大者之分而為小也乃自有小德而

（流○字○醒○）（即○將○上○文○指○點○便○捷○）

一本遂散為萬殊萬物各流其性而形色不紊四時各流其序而

寒暑不忒日月各流其象而出納不乖井然其有條也悠然其不

（指○合○川○流○）

竭也一如百川之支分派別而流而不息焉爾抑德一也而從其

彙聚者覩之則見為德之大焉尊之為大即其小者之凝而為大

（敦○字○醒○）

也乃自有大德而萬殊咸歸于一本以敦萬物之命而終始皆統

於乾以敦四時之氣而出入皆司于帝以敦日月之明而推遷皆
運于神積之而至厚也發之而不窮也是蓋化工之廣博淵深而
（拍合敦化）
敦之甚周焉爾蓋造化無〻體之用流即流其所敦者乎流其所
敦所謂靜極而動也至于動中涵靜〻中涵動而根陰根陽之妙
揔不外盛德之獨綸造化無〻用之體敦即敦其所流者乎敦其
所流所謂藏顯于微也究之無微弗顯無顯弗微而無聲無臭之
中自裕夫至德之絪縕德至此可謂盛矣而天地之大不徙可知
哉

小德大德揔是一德流即流其所敦之化敦即敦其所流之化

勘破源流分說合說互說無非妙諦無一毫蒙混氣此題文字有此了徹透快者。張魯璵

朱子云大德是敦那化底。小德是流那敷化底出來。故物與道俱以化該之。文入手即提清化字。先已探驪得珠矣。以下切實發揮字字的當。其互關處道理又十分圓湛。他手所格格不吐者。獨能衝喉而出。橫行理窟。目無堅城。張巖安

小德川流　三句　　周學健

德合小大天地無遺能矣蓋道無小大散之萬殊之一天地此大也聖人曷異焉且天地之道貞觀者也顯諸仁者日新而可久藏諸用者富有而莫外蓋灑不遺遠不禦正大而天地之情可見矣萬物之生也日月之運也四時之紀也孰散孰是孰綱維是曰有小德有大德太極之分二五之判在物也則性命各正在道也則變動不居而五殊二實二本則一於物也為生始之資於道也為通復之宰其小者流而不息則一闔一闢之謂變往來不窮之謂貫徹無間化之所以不已也若川流然其大者會之有原而葬

（老確可程）

（字字原本經訓闡發精確凝煉）

[illegible]院會課書院二名

但氏以為載美利不言以為溫陰陽合撰神之所為無方也則
敦化有然流敦之用以兩而化化敦流之體惟一故神微之愈無著（峭拔精悍幾欲自成一子）
祈之愈有當其在物々各載一天地而天地不為獨感之甚通者
藏之甚寂要其在物一如其在天地而天地未嘗分吾於是知其（鑱削造化）
所以大也孰為々之而發揮以盡其順孰為々之而變通以盡其
利理依氣行即此法象之中不必別求一々理非實有其可憑而
高深未奠數於何起非確有其足恃而坤乾不毀本於何立器隨
道存就此俯仰之間無事外索一至道在習其大者或與化俱冥
等諸六合之不議蓋知功用足邇惟是易知簡能而天下之理已

得在裒其大者或神莫致思繇謂一言之弗盡詎知本原可操惟是陽變陰合而上下之情已察此其所以為大乎維我仲尼亦若是焉則已矣

不落理題窠臼思力果銳尤見筆致之高 評

# 小德川流 二句

蔣拭之

言造化之德可以觀體用之相因焉夫德一也而川流者則為小德敦化者則為大德體用之相因固如是乎中庸譬仲尼之德而推言天地若曰物之與道宇宙之化機也然無以分給于其際則將雜出而易淆無以統貫于其間亦必一發而易竭益宇宙化機之運莫非其德為之也今觀于不害不悖如是〻非小德為之乎德無小以其一貫而萬分則為小〻德蓋如川流焉屈伸之理發抒[illegible]始資生之後而剛柔大小之不同通復之誠摩盪于久成久照[illegible]中而寒暑晝夜之不忒其在庶物萬物之為一德也其在四時四時各為

德也其在日月各為一德也派別支分而森然萬象之布濩
（脈絡分明而生生不息）
來續而初無一息之停雖其理未嘗不一而同出而異用卻有如是
之分明而不舍者夫是以庶物露生而各得其所五行順布而不紊
其常也哉又觀于並育並行如是、、非大德為之乎德無大以異是
萬而為一則為大、德蓋以敦化焉二五之真絪縕于無聲無臭之
初而有以立品彙之根柢貞元之運保合于一闔一闢之始而于以
握變化之綱維其在萬物萬物總此一德也其在四時四時總此一
（萬物統體一太極）
德也其在日月日月總此一德也易知簡能而不貳以植其本顯仁
（根本盛大而出無窮）
藏用而不已以神其機雖其分未嘗不殊而異形而同體卻有如是

之盛大而無窮者夫是以出入者無端而莫測其始終盈虛者如化而不見其消長也哉由是言之小德者流是化者也大德者敦是化者也有流是化者則知其會之也有原有敦是化者則知其流之也不息顯微無間而體用相資此造物者之所以為中和為忠恕者也吁豈不大哉

串談得語類意

緣來自昇孔向

易傳之與性理之精語類或問之源流同異不曾透熟過來豈能道其隻字董次歐

小德川

小德川流　三句

江南劉瀚瑩川鑒　常州府學一名儲在文

推聖人以天地之德合小大以歸其大焉夫川流敦化天地之德備矣其大也其即仲尼之所以爲大乎且吾言仲尼惟天地相似亦與夫天地同其大而已矣其發之也日新其藏之也富有體立而用神矣與天地合其德而已矣嘗曠觀物與道之關而見夫不害不悖者之蕃變也此其中有天地之小德爲原小德所自來何大不納而於其文分派別者觀散給之能則羣分而類聚德爲之區矣寒往而暑來德爲之界矣日出而月納德爲之判矣有條不紊而又相衍而氣新相推而歲成相禪而明生滔滔乎其不息也則川之流者似之又見

夫並育並行者之含弘也此其中有天地之大德焉究大德所終極
於小不宣而於其兼容並包者觀會通之故則物以萬而渙德以一
堅不可撼妙不可階一字一擊節
不華矣時以四而通德以一而後矣日月以兩而化德以一而神矣
有厚無間而又絪縕而久生變化而久成貞恒而久照悠之乎其不
窮也則化之敦者有然是故天地之大夫人知之而負賾淵之思者
雋穴緯之明之十日並出
徒索之穆清之虛則終無以得其實抑知仰而觀象實有為之鼓無
者焉俯而觀法實有為之布濩者焉遠不禦而近不遺正大而天地
之情見矣夫天下事不得其實則惝怳難憑有近在目前而失之者
及觀小德大德之發皇而後恍然曰天地之至奇而至庸者此也且

騁恢廓之見者好窮之形象之賾又患無以要其歸抑知乾之闢
其所以主宰者不變焉坤之闔其所以統紀者不煩焉知易知而
亦理汲德不獨用易入神
能易從易簡而天地之理得矣夫天下事不要其歸則紛紜無定有
馳情域外而仍失之者及觀小德大德之綱維而後恍然曰天地之
至博而至約者此也此其所以為大乎惟我仲尼亦有小德詳之不
勝詳也亦有大德名之莫可名也亦與天地合其德而已矣亦與天
地同其大而已矣

析之則精心巧搆剖別絲毛合之則元氣渾成包絡山海備同人
予之奇經之神傑作絶思○川流句分貼萬物四時日月細〻題

出脈絡分明而徃不息乃層意已奇絶矣對處渙華而後兩爲比
一而神筆語用經之精巧真乃鑿破混沌以臨川之意近理震
川之理實者

本稿
州
儲

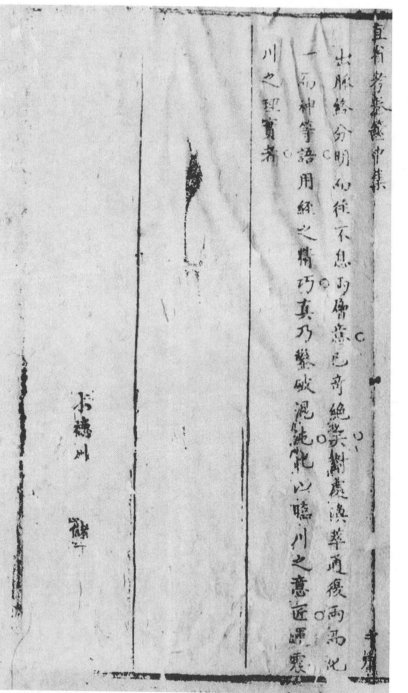

# 小德川流大德敦化

鍾錫圭

德有大小之分、用殊而體一也、蓋非小德則無以為不害不悖、非大德則無以為並育並行、川流敦化、用殊而體一耳、且天地以氣載理、即以理宰氣、苟不悉渙蒸之由、而欲測行生之妙、抑亦虛而難憑矣、惟夫散殊者既有分明之迹、聚會者自有根本之歸、而凡托體于上下者、皆不息而不窮、則理與氣之相積而推者耳、並育並行、不害不悖、果何道而致此、其中蓋有德為德一而大小分（眼明手快）矣、天太空本渾渾耳、無端而加以德之名、則已拘矣、渴之于命後者（德為造化之主宰）人心无妄之德、而渴之于命先者天心不已之德也、萃五行二氣

卯午順天

中庸

之精而有德以綱維之。斯流不禦而近不遺。化工本浩浩耳。無故而端其德之實則已細。顧得一以清。得一以寧者兩閒各主之德而得誠以通得誠以復者兩閒同出之德也。（天。地。共。只。一。德。）極萬有不齊之數而有德以分合之。斯徙不留而來不遺。則嘗進而擬之。觀其流為取而按之。驗其化為不舍。夫自此而流彼者曰流而流出於川則淵源可溯。支派可尋。必不至混而為一。有旁溢之虞。有有而之無者曰（川。流。敦。化。分。頓。）化而化有所敦。則終者始之基。虧者盈之兆。必不至往而不歸。有（二。化。分。陣。）悔亡之咎。以觀川流則德之小者也。以觀敦化則德之大者也。人物之資生靡盡也。其理未形。而其氣常勃然而不可稍遏。夫此勃然而莫遏者其德也即其流也試觀不害不悖者不獨以德之流者為小者亦以德之小而流者為德則小德之燦陳莫著于斯矣即所著不象之而曲折以赴圖不得其所安彼決百川以導之使歸者應撫心而與遐想耳形器之主宰有權也其氣未凝而其理常確然而有以相固大此確然而恒固者其德也即其敦也（了然于心了然于口）試觀並育並行者不獨以德之敦者為德而以德之大而敦者為德則大德之容蓄莫盛于是矣即所盛而窺之而深固不搖罔不會其有極彼觀萬化而用之不竭者應衡日而悟靜機耳且夫離大以言小則小無由行離小以言大則大于何立蓋有所斂而後有所流

（字字含鈴圓）

無所流亦無所歛也惟統小大以驗真機則知翕闢歛散之原靡有窮盡小有所取即大有所資而德不見其日虧寧見其日乏抑且執川流以求敦化而敦化不呈于目前執敦化以求川流而川流非過諸象外蓋小者動而大者靜大即散于小之中大者徵而（下一字如石獲一字如珠）小者顯小亦攝于大之內也惟晰大小以觀至道則知屈伸往復之迹各有統宗流者之多不歛敦者之厚而德不見其驟盛寧見其驟衰吁此其為天地之大也

理[illegible]文鏡筆快如刀洵此題傑構　原評

升[illegible]非有二德大小從分合處見着不得些子含糊語銜口而

抑頭頭是道。真不無手空行之樂。

小德川　鍾三

第二冊　卷五

而達

# 山川其舍諸

崔文儀

卽神以決人欲舍者難終舍矣夫不可舍者孰如騂角山川用之人雖欲舍得乎且神道通乎人道神也者依人而行者也顧有時依人而見其神有時不依人而愈見其神非神之不依人也人自不依乎神神亦安得而依之且使不依者知神之必可依而不敢終於不依蓋聰明正直神與人共之人或不盡然神則無不然也有騂角而勿用斯舍之矣抑思騂角之用果誰主之誰享之而顧欲舍之也哉秉河嶽之英靈篤生非偶當降阿飲池之際而超羣軼類猶於神明邀特達之知告牷牲之肥腯務拔其尤當奉粢犢

二比俯仰宕全題勢如高屋建瓴

仁在堂約選　七一

幣之先而效質呈材早於寘漠結無言之契有山川焉固主乎人
之用不用而享此騂且角者也天子巡狩望秩特隆諸侯正封貍
沈時舉巖巖者岱季氏之旅祭徒勞湯湯者河子朝之寶珪弗受
確是山川之舍用 串洞奇警切
多儀猶不享也非類且不歆也所舍者之必不可用猶所用者之
必不能舍也而人竟欲舍之也哉舍焉者每出於忌才之念山川
際卓
則不忌才而愛才愛之也深將謂人世之偏私而盡燭之臨在上
色正芒寒
而質在旁遂於物議紛紜之際獨破其格而君相不得恃其權一舍
焉者恒由於繩物之嚴山川則不繩物而鑒物鑒之也真且舉人
力透紙背
世之煩苛而悉化之聽弗聞而視弗見獨於羣疑謗棄之時自賞

其奇而庸愚何能知其意夫然而山川之權可恃矣（擬法）權不必與人競而人自退處於無權（構詞穩愜）彼欲舍者何爲乎（緊義深精）赫赫之鑒觀不爽山川能奪人之權而使之譽其所毀人終不能奪山川之權而使之貶其所褒嘗夫廢置自甘（氣疏以達）忽焉而繫之國門忽焉而衣之文繡人但謂人情之善變而不知通幽合漠（古奇神道）神實有以牖其衷也迨至楅衡既設向之求（顧盼用）指家瑕者不且自悔多事也哉惟然而山川之意亦可知矣意不必向人明而人自潛消其私（體大思精）意彼欲舍者何說乎冥冥之呵護方深山川能違人之意而使默聽其轉移人終不能違（詞意俱極精警）山川之意而使顯爲之詆呵當夫凡庸幸進無端而角傷於鼠無

端而尾然如雞人但謂物態之靡常而不知屈彼伸此神更有以

無只第二明承上文

運其機也迨至盆簇將升向玄懸直醜正者不且自笑不情也哉

舍乎不舍乎山川不言亦還卜之辭角而已

詞氣飈舉魄力沈雄截上處法律尤精

詞氣飈舉魄力沈雄截上處法

律尤精

沈

山川其舍諸　錢□□

騂角不患無知己，人事未足憑也。夫使山川而舍騂角，則騂角其無知己矣。然天下豈有舍騂角之山川乎？千載子若同，舍而知抱負非常者，罔無患乎天下忍無知己也。夫天下即或無知己，而已之知者何足恃也，而況冥冥之中又自有可以稱知己而無憾者耶？而騂角出自犂牛，而遂欲勿用乎？夫欲勿用，是舍騂角也。騂角罔不能諱所生而委曲相新也，令騂角為不可用于山川也，騂角亦何須向山川而仰首鳴號也？然則騂角其竟舍之乎？雖然，吾還就山川而問之，天下惟知明者為能相賞于風塵，而不滿于要途

山川天下之至明也。出乎明之識以別騂角之材，但見其為騂角，

（包元上人必勿用之意也）

也而則取之，而餘弗問也，而見天下足如蠶之糠，欲借犂牛之故

（太是三字騂角者皆氣）

以犢山川而阻風塵之實者，俱不得不息驟以應神靈之嘶，是識

山川之所得主者也。天下推至者，為能因物付物而不淩其所

而不攻夫所短。山川天下之至公也，本至公之心以享犧牲者之

（一氣流轉，是壇墠字類民）

犧牲見其為騂角也，而即受之，而他無責也，而况天下挾好惡之

私欲，因犂牛之故，以短騂角，而沒騂角之長者，俱不得不俯首而

奉畀祠之命，是其騂角之所不料者也。然則有山川，而騂角雖得

（上二比全用翻筆正反其字諸手筆神）

而舍之矣。假使山川而舍犂牛所生之騂角，以將必求騂角所生之

騂角而後不舍乎甚至求生騂角者之所由來在一不止之騂角
而後之舍乎吾恐必欲得如是之騂角則騂角無幾而山川終乏
祀矣此以知但為騂角而山川即不舍矣假使山川而舍犂牛所
生之騂角其將于騂角而生犂牛者亦舍之乎甚至以生騂角者
所自來於一歲不騂角者而並舍之乎吾恐以如是之騂角而
句用則非騂角者倖進而山川無正享矣此以知惟不騂角而山
川乃舍之耳然則世特患非騂角也有山川在而何病乎人之勿
用哉
是簡騂角便自不可舍山川使亦斷然不舍然不直說山川不

丹書小題與功集　上論　山川其鑑

○合而却同其命，丁者以人之欲勿用而令之恩量轉念也文，
不分之正理透發于中而以舍之勿用翻駁數疊于後以盡其
守諸守之神義正詞嚴英鋒削利

尸子曰　　治也
人然之其形○之○之所○涵○裕也○物若之○矣並誠之功○形○已之所○為而○讓也○物所之○矣唯身之者之之
功○名○遂○夫全之量○美具○是識不○而物之不受裁於已中比部

凡我同盟 三句（孟子） 胡紹安



凡我同盟　三句　胡紹安

禁明而後申之，去同盟者共戢兵，諸同盟慮無不皆好，而桓猶不能無後約焉，非以好之難為繼哉。稽古王者之世，天子當陽，諸侯用命，有姦猾而無違心，以共踐厥好也。然則苟相好，何相盟之作也？（所以為三王罪人）自諸侯之不能好始，好終不可再乎？是伯主出而有盟，何為也？（真妙）詩云有好也，而好何為也者？則必恃有盟也。知桓公當五禁既明之後，復申之約曰：寡人今日書葵率列國以從載壇坫，天子之元老在（宰孔云論不典）焉，亦惟是彌縫其闕，匡救其災，用禀服及天威，以圖敦睦，越煌哉鉅（注疏出荀鄭重）典，而崇為我同盟之人耳。此同盟之人，雖無礪山帶河之誓，而或以

本朝考卷清雅集　孟子　康熙十□

績謙成繁蹊大失周天子封建之心誰非崇德象賢之裔而或以携
貳啟兵爭亦甚矣小白脩襄之頹然則五禁彰彰矣可無以繼後好
好字元本羅得
乎齊既非寒盟會之公寡棄好焉寡人是以有取成之請而于鄭兩
役謀其不好也乃由之初無而為鄭成也之繼盟而為鄭勝嗣是于
纔于貫于陽穀用明氏盟于鄭大神以同其好也而寡毋之盟官受
方物首止之盟爽輔王儲二三方邦自此有新好之意矣即今者東
何排次句法得醒
乎藏瀆竟果不能好哉所慮者在既盟之後耳強藩威福自恣則積
弱者其玩懦將以樽俎制奇獲于章是悍而不能好矣小國儕盡
鄙陋則將時謝卻於勝敗以畏命納者甚其職是意而不能好矣

寡人願與諸君約自茲以往無不歸于好者且夫寡人之以好望諸（注○批○正○點○第○二○句○）
侯豈自今日始哉廬漕遷徙而楚丘之築衛寔忘於枋其詞曰永以（二○証○矣○）
（案○詩○序○美○齊○桓○也）
為好也投桃報李之情諸君其備聞之矣豈其至今而遂有貳心歟
蔑哉共矢此衷以齊于款洽焉菁茅不貢而召陵之師發且屈服故
其詞曰先君之好是繼惠徼社稷之言即外臣亦共諒之矣豈其與
（中○結）
爾而反有異志歟凡我秉遵斯訓以告諸司盟焉寡人願與諸君約
強無凌弱眾無暴寡爾無我詐我無爾虞有渝此盟者寡人率在會
（從○劉○會○明○天○子○之○禁○桓○公○）
諸侯共征不庭用對揚天子之丕顯休命而當時諸侯畢咸諭乎桓
公之志哉倘好無相於靡有和而不禁以自取戾者

凡我同盟 三句（孟子） 胡紹安

本房加批：行書理雅潔，深平

半就九分以通解寒來歷後奇旦盤嵌細斟筆歸趣。雋雅切題。不

左幕友

飛國　胡

久矣吾不　一句

陝西周宗師科試
鳳翔縣學一名　李人傑

聖人有必欲見之人、即不夢以徵其衰也、夫周公固孔子所願見者也、故雖夢亦見也、久不復夢、誠矣以堪夫子言此以自明其衰之甚也、慨然曰吾自轍環以來固無日不志周公之志矣顧吾生也晚、未嘗不自恨不見公也、雖然吾何嘗不見公哉、制度可以觀（精微而下合人不測）治吾于官禮中見公焉、然而見公之政、未及見公之人也、乃神明幾費相尋而吾若往、誦讀可以知人吾于詩書中見公焉、然而見公之心未獲見公之形也、乃寤寐依然相守而公忽來其往也吾（雋甚）不自覺其往也、設吾稍覺焉而往者不往也、夫吾與公曠隔幾何

年矣乃匪斧匪媒竟一往而無不往乎故吾或終夜不寢斯莫由
卜既見之歡也否則無夕而不往也其來也吾不能致其來也談
吾欲致焉而來者不來也夫公與吾睽違幾何世矣乃信宿信處
竟一來而無不來乎倘公或敦彼獨宿斯無從接相見之樂也否
則無夕而不來也始吾以為此不過志氣之偶孚耳乃無何而忽
不見矣吾猶徐俟其復也而竟不復也意者吾之不往與抑亦吾
油刪独絶
仍往而公或為之距也而吾與公覲止之緣從此左矣繼吾以為
此不過形神之偶間耳乃無何而終不復矣吾猶甚冀其見也而
竟久不見也意者公其不來與抑或公仍來而吾不為之迎也而

公與吾吐握之雅自此杳矣噫嘻吾夢也與哉吾見也追蹤何心
偏相依于不自主之地吾見也與哉吾夢也名致何物竟相失于
（一片灵机）
無何有之鄉昔夢非加不夢非損獨惜吾栖栖一生其所望于公
者何如而僅僅付之一夢也悲夫

心手之際一片虛神與言俱流不與言俱盡　原評

不向蟻穴巻間故作迷離夢境只從兩人神交處寫得真摯轉
入不復自有無限深情至其情辭綿婉渢渢入雅儗之唐人殆
錢仲文劉長卿之流亞與　張今涪

久矣吾　李

子入太廟　禮也

晉江縣學　月課一名　丁颺

不忽乎禮者斯為禮而知與不知可無論矣蓋廟中之問即廟中之禮也因人言而進明其是而知與不知何遑恤哉且聖人一生周無在不致謹者也矧當對越駿奔之會敢苟焉以處此哉顧在聖人止自行其心之所安初非有意於是而為之不知者相與議焉者取其考究之周詳一進維之而知其托意甚深與劉制之精微大有合焉者乎如魯有大廟是天朝之所報功也是元公之所式靈也煌煌與禮莫此為昭大廟何地大廟之事何事顧可漫然以入也哉此魯論所以記子入大廟每事問

（探驪便已得珠）

（行文如老吏斷獄一言鉄案）

試牘

云儀度之爍陳得之傳聞者不若得之親見者為尤切子也逢
茲鉅典敢以妄托淹通者同旅進旅退之蹌濟典物之森列考
之記載者不若遇之躬行者為尤悉子也忘切稽求豈敢以緘
斐亹近情清空如話
默自安者等拜稽奔走之故事其間也玉帛樽俎之間意必有
不能無疑者矣否則必有因而生悟者矣又否則必有感于中
惕於外而知名器之不可假是非之不可紊者矣噫言禮于今
日此問亦曷可少哉何或人之妄以相識也且夫或人之所謂
知者不過以祝史僃矣擯相列矣嫺其儀習其律即可以稱淹
文生于情波瀾獨老
雅擅博綜已耳然數得矣理未昭也名似矣義未悉也令夫子

若為弗聞也者不將使當日苟且自安之流反得自托于禮而
一時之敎復以諮者人眞以為有歉其知哉夫子所以進明之
曰是禮也不與論（針針見血）知不知止與論是不是淹雅雖不見居而祗
此諮諏不遑之至意已可告無罪於先典知與不知擬議聽之
他人是與不是敬肆𣂏之一已博綜縱未易擬而止此欽翼自
將之小心已可稱無愧于鑒觀夫然而禮之為禮可大昭矣典
章淪喪以來沿習者在儀數而鎬京之精意云湮（精言碩畫炳、鴻篇）自有子一問
而文物度數皆可藉以識監夏監殷之舊悟此意者大朝如是
即非大廟而亦如是矣夫然而聖人之心可大白矣君子身任

脩明之責平時猶切參稽豈臨事故滋怠玩困人言以自信而

防維深心猶得寓之俎豆樽彜之內識此意者入廟而禮如是

即非入廟而宜無不如是矣（篇終按說註）要之聖人當日非有意于禮而勉

為之也止自行其心之所安焉耳

清言綺雪佳致流雲王夷甫握玉柄麈尾妙于談玄

子入大　　丁

○○子入大廟　禮也

晉江縣學 月課二名 張士鏞

聖人敬以明禮非或入所及知也夫入廟而問禮之所在也乃
或人譏其不知亦豈知禮之在是哉且儒者學古入官獲與駿
奔之列人將於此觀禮焉矧以大聖人者而顧忽畧以從事乎
夫其孜孜致詢在旁觀者亦或相與疑之而抑知惟此敬謹之懷
極千古秩叙之精意固已真踰乎此也春秋有夫子俎豆之陳
儀文夙嫻官禮之訪制度咸昭其於是禮也寧有不知者哉乃
輕妥貴既得体
一日入大廟而每事問者何居蓋凡事知之不必問而禮儀升
降具有深意必不敢憚其諮詢之勞凡人問之而後知而夫子

試牘

博物何在不然要自益致其精詳之念此記者記夫子意也而豈或人之所可知乎無怪乎有以不知祀之說竊相與致議于

或人句點逗俱含法二柱老重

其後矣噫彼或人者亦豈足與言禮哉禮莫重于尊王想當日者酬勳報功之典周先王之盛命實赫濯焉則凡與祼獻者其敢忽忽承之以貽當世之譏苟自恃博洽而登降俯仰之際謂可漫然任之也則是入廟而有矜心矣夫子尊王為念凜凜然

將柱中敬謹之重意大發二比理完神足

誠敬自將故晰其文者不敢不深求其義詳于古者不可不叅酌于時是雖諮諏所及一似度數未嫺者之所為而抑知其慎重不苟之心固即儀則之所由昭哉祀莫大于敬祖想當日者

對越神明之際會先君之靈爽實式憑焉則凡助享獻者豈敢簡慢將之以遺先人之憾苟自命弘通而聲名器數之間謂已灼之無疑也則是入廟而有驕志矣夫子敬祖為心兢兢焉謹飭自持故事或無裨而不可不存其議責非由已而不可不盡其心是雖採訪所周一似典則未通者之可議而抑知其詳審不遑之中固即矩矱之所由洽哉子聞之曰是禮也誠以文者禮之名而敬者禮之實也如或人所言則是工祝之致告有司之贊采習其一節反得稱為知禮矣禮之為禮其果如是乎哉夫入廟告虔以反覆求詳于事之中不苟焉而已是則真孔子

妝法亦老亦宕

貮膿

之○知○礼○也○

波瀾浩淼景物清和如遇瀟湘洞庭一覧擁塞

子入大　張

○○子入大廟　禮也

晉江縣學月課三名　張時衡

聖人以心之敬者為禮，而天下知有禮之實矣。蓋禮而自精其知，則已非禮矣。夫子之每事問，其敬也，非即其所以為禮也哉。且禮制之在天下，未有不貴求其實者也，而人往往騖其名而失其真者，患在矜一己之明聰，而不樂殫一日之咨詢也。惟至人為能于將享之際，舉生平所嫻習之敬，而必不敢廢其諮諏無已之懷，此其悃愊所將，殆未易為流俗人言也。何則？遡夫先（先祛礼字，便得建說二勢）王創礼之初心，原不僅以度數昭垂，畢制作之精思；即後人行礼之至意，亦非徒以儀文辨晰，循故代之舊章。然則禮之在天下豈不貴乎得其實也哉子一日者有入大廟一事夫大廟何廟也固我元公之廟也當日者昭假之際凡所為升降灌獻者幾何事所為趋蹌進退者幾何事以吾夫子處其間詎能默默已哉君子之于事物也一名一器猶必擬之議之以求其說考之寬之以詳其義別夫廟中之事尤為臣子之所不容畧吾見廟不一事事不一義其或詳于一事而忽于數事子之心不敢安也即使詳于數事而忽于一事子之心亦不敢安也則以（安頓只旨句不下議論大是）為每事問焉耳夫吾夫子者少而狗齊長而敦敏天下所羣稱（過渋陡徤）為知禮者孰有如我夫子哉今也以備禮之躬任駿奔之職顧

且有事焉必問問焉而必詳且盡者在夫子謂獨無意而柰何
或人則竊竊焉訊其孰謂知禮也嗟乎執或人之見是謂知則
不問而問則必不知也將使天下徙慕夫禮之名而昧夫禮之
實矣豈知咨度維殷禮之所以為禮者固即在是乎蓋禮不在
只又礼三比偶解
典制之周悉而在中懷之寅畏故世有淹雅足矜而跡畧之念
生識者憂其無敬恭之心矣惟不以知自恃而詢之不厭其煩
考之必務其盡則謙益為懷庶幾質之典章而無愧抑禮不在
器數之昭晰而在夙夜之儆翼故世有博雅足稱而因循之心
起君子訊其無謹恪之意矣惟不以知自矜而博稽以求其義

考辨以究其蘊則審察維般庶幾揆諸王制而無忝宜吾夫子聞之不覺般然自明其意曰是礼也嗟夫當春秋之時去古寖遠學士大夫鮮有好學深思心知禮意者非知禮如孔子烏能如此之孜求靡已哉而鄙陋之徒不知聖人之意猥云禮不足問微子言天下多或人之見矣

思理安暢卓犖如謝鎮西酒後起舞神氣自暇

子入大　張

子入大廟　禮也

晉江縣學課四名　龔曾淏

禮有致詳於廟者，聖人為之進明其是焉。夫入廟而問，亦曰禮在則然耳，而或人顧以為不知禮也，子能不即是而深曉之歟。

且魯國有夫子，四方皆於此觀禮焉，寧至駿奔左右，豈敢隕越以貽羞哉。所以大聖人儼翼時存，雖當祼將之際，而于一器一物之微，無不熟籌而審辨焉。而世不察，反以相譏，豈非敬小慎微，其謹恪洵莫有大焉者，夫固非尋常意計之所可測耶。在昔元公功在王室，賜履分封，成王勞之，爰立大廟，亦曰世世子孫毋墜禋祀，隆厥禮也。迨其後嗣服浸衰，日以滋靡，舉凡大而明

（直入亦老辣）

（頌揚古秀）

（前用伏筆）

禋享祀之典小而進退拜坐之儀以及宮懸鐘簴豆籩簠簋之
制渺乎不可復識矣我夫子念切與周志元公之治郎不得不
復元公之禮今日者趨蹌在庭而可聽其若存若亡畧焉而弗
講乎猶憶其時入大廟每事問云事有屬乎君者主祭之曾孫
問字還他實落又他文所未有
所以崇孝享也吾見乞卷告虔祼獻于是乎辨焉而烏容不問
事有屬乎臣者助祭之卿士所以彌贊襄也吾見奔走承順品
後用虛筆
節于是乎昭焉而烏容不問夫自有此問而明禋享祀之典於
是乎隆矣自有此問而進退拜坐之儀于是乎謹矣且自有此
問而宮懸鐘簴之設豆籩簠簋之陳無不昭昭可考矣乃或人

執所問以識之者何居蓋或人徒知夫子之問而不知問之所在即禮之所彰也（用筆致之妙）或人徒知問為不知禮而不知禮惟知之者而始能問之也宜夫子聞之不禁厳為之辨曰是礼也蓋礼有嚴于未祭者事之所以慎厥始也鑒觀在上一有或斁其貽恫孰甚焉惟問焉而以是飭威儀者（文情暢美）即以是明制度有不矩矱之悉洽者歟在夫子亦祗盡其對越之文初未嘗自矜其明哲後之人即欲于是之外別求所為礼焉而無從也而何容致疑焉禮有嚴于既祭者事之所以慎厥終也靈爽在前一有稍棄其慢易孰大焉惟問焉而以是辨器數者亦以是肅名分有不秩

試牘

叙之咸宜者欤在夫子亦祗凜其祼將之誠初未嘗自恃其昭顯後之人即欲于是之外過求所為祀焉而無庸也而何容致慼焉向使魯之君臣得子之意而求之安在祀制之不可復覩于今日哉

撫時憶事歷歷分明所謂子美胸中如弈布陣蹄嚙處正有不乏然無良誰憶故自知為渥法

子入

龔

子之君將行仁政經界始　清沭集　林嵩嶽

勉仁政之行。而制必始於經界矣。夫滕君之行仁政。固未知仁政之所自始也。孟子為畢戰勉之。能不即經界以先籌哉。且國家當有所創建之日。正人臣所宜效力之秋也。況仁政之所關甚大。其艱與圖終者。尤未易與慮始哉。故朝廷之簡拔既重。其任以相佐。而草野之經營。必酌其要以為規。斯上以奉宣德意。下以慰愜與情。皆基於畫井分疆之始也。已子問井地。亦知井地固仁政乎。夫仁政所當經畫者。本非一端。而要必以井地為始。即井地所當經理者。亦不一事。而要可卜仁政將行。吾用是慨然於子之君矣。當干戈擾攘之時。拓土闢疆。人方馳情於遠

畧而子之君獨毅然好行其德焉則仁心所發知其有高出世
主之資際阡陌紊亂之會此疆彼界人方徒事於苟安而子之
君獨毅然敢行其難焉則仁意所敷知其足聳動羣僚之志令
夫士君子遭時遇主幸際行仁之君厲精圖治與民更始斯誠
千載一時不可逢之嘉會也而況子也經遴選之重荷任使之
專當如何感激勉勵共襄盛舉相土地之宜審原隰之勢廼左
廼右辨其方我疆我理經其制務使規模宏遠德澤覃敷以報
一日之知焉豈不於子乎是望哉吾於是未與子論仁政之所
由行且與子論仁政之所自始矣夫仁政必自經界始經其水
道則始於廣尺之畝以及四尺爲溝八尺爲洫二尋爲澮是其
界也經之而旱潦有備蓄洩有防則界之達於川者劃然而不

求經其與道則始於通人之徑以至途列一軌道列二軌路列三軌是其界也經之而封土為埒列樹為表則界之達於畿者昭然而甚明此所謂仁政也所謂井地中之仁政也豈非子之君所欲行之而未知其所自始故選擇而使子以董其事者哉然則子亦即仁政之始而次第舉行令廟堂之碩畫布為都鄙之宏規可矣子必勉之

層折清楚步驟整齊

子之君將行　夫仁政　孟搭從新集　周維城

援君以勉臣、因切援夫仁政焉、夫仁政賴君以行、尤賴臣以行也、故孟子先勉畢戰、而切援夫仁政乎、今夫國家有當行之政、患其君之不欲行、患其臣之不力行、尤患其欲行而不知政之所以行、乃黼座勵憂勤、既為朝野慶得人之舉、而彤廷思襄贊、當為廟廊核郅治之模、盡其心於君、效其力於臣、一時借箸前籌、能無為有治人者、進援夫治法耶、子問井地、夫井地仁政也、非熟籌夫仁政之原、預策夫仁政之要、終不能行夫仁政也、子問之、吾乃知子之君將行仁政矣、非不知仁政有全模、君尚未能盡識、然念開物成務之功、講求已切、當其臨軒授策、固有為民請命之思而豈其施濟爲心猶不行夫仁政也非不知仁政有要道子尚未必周知然念體國辨方之擧倚任非輕所當夙夜勿遑上副吾君求賢之望而豈可因循坐誤不力勉夫仁政也君將行仁政而使子子安得不勉所行而進求夫仁政也哉且夫仁政之不行也久矣試觀春秋以降履畝作於魯而政一變阡陌闢於秦而政一變地力盡於魏而政又一變此皆其君之咎抑亦其臣之咎而實不知夫仁政之咎也今夫仁政非君不能行亦非臣不能行而尤非熟籌夫仁政之原預策夫仁政之要終不能行夫仁政也吾爲子勉試與子言夫仁政政莫善於有所因行之者宜因乎古焉三壤既成而後夏之政如是殷之政如是周之政亦復如是仁政固大可稽耳子之君振興有

志覺三朝典籍猶示後世以定程不禁擾仁政而顯繪其象政莫善於有所革行之者宜革乎今焉什一既廢以還貢之政不可知助之政不可知徹之政亦更不可知仁政豈猶能舉乎子之君釐訂為心覺叔世流風先嘗首懲乎積弊與爲禁撫仁政而代訂其模夫非熟籌夫仁政之原預策夫仁政之要終不能行夫仁政也子勉之亦無負君之選擇也可

題解澄瑩筆意清適

子之武城　二節（論語）　韓菼

子之武城　二節　　韓菼

聞所不聞、取心見乎辭矣、夫武城也、而絃歌何自聞之哉、牛刀之喻、
聞者色可知也、今以至人而皇皇于所之也、何爲乎亦將有所用之
而已矣、不可勝用之具、使不一用焉、其情烏能已也、使僅一用焉、其
樸又何能已也、是可誌其一時之相感、以觀其辭之所記也已、昔子
驅車言遊、所歷諸侯之國、治不多有、既乃紆迴下邑、將于此乎
觀政焉、其亦倦之矣、抑亦猶有冀也、一日偶之武城、夫武城蕞爾邑
補出所聞之不虛
科者韓然之後、常蒞兵于禦焉、近者乎渡之入、徙以兵師至矣、道險
而敝國民不既病乎、爲斯邑者不既難乎、甚哉、子之過之而有聞也、

本朝[illegible]論　康[illegible]

列國之詩而不廢矣其篇章所並散佚○不意猶在人間此後何聲

此曰樂也即所聽之[illegible]也此音[illegible]之也○曰絃歌也竊意為斯者必

自為[illegible]篇以[illegible]之節音譜[illegible]而嫺習之而流聲餘恩以至于○

也而為[illegible]其成之治道古無分于頌禱四方恩以先王之治

[illegible]詩用樂大昔[illegible]即不無猶藉列國之鄉大夫相與宣德意被雅

[illegible]以[illegible]下[illegible]中而[illegible]矣下[illegible]使皆有足觀然而卒不可得彼其始

明[illegible]猶[illegible]待用也[illegible]得用之而吾不能用也又曰吾用之將有待

也[illegible]視人不治[illegible]組而代之[illegible]夫[illegible]于所不[illegible]而[illegible]換于

不[illegible]間此其[illegible]者動即在[illegible]人有不[illegible]其[illegible]之何[illegible]生而[illegible]之

女奚不曰 一節

聖人欲賢者白其為人而因自言夫好學之篤焉夫憤樂相循以至乎老而不已此好學之心夫豈子路之所能言者而子則欲其共白之也故曰女奚不曰者于葉公之問而竟默爾其不對也豈以子之為人有言之而甚難者乎夫為學之功予圖歷之終身而未盡而一生之緊女則約之數語而可該者也女奚不曰其為人也質惆未及乎生安而義理之無窮常曲折以求其至功寔不肆乎敏強而其精之所習屢熟復而得其旨吾見其于天下之理凡求之而未得也則勃然而憤矣氣阻于進取而心迫于求通有不禁爲

徨以赴之者蓋至食當其前而亦往往忘之矣凡求之而既得也則洒然其樂矣心與理相安而覺與情俱順有不啻鼓舞以將之

是以憂皆忘惟見暉雲滿袵

者蓋至憂感于外而亦往往忘之矣極事理之變蕃非有所求之莫過其憤即有所得而雖名其樂也總此生之閱歷非當其憤之食爲之發即當其樂而憂莫之攻也而其人亦冉冉乎自此將老矣而猶且憤如故也樂如故也人壽幾何而爲之不厭者一若以已過之韶華尚視爲方來而未老食幾忘也憂幾忘也壯心雖降

蓋一

而服此不厭者雖當此就衰之精力備覺其晏用而愈勤蓋甚矣

句更妙

其老于此中而未肯止也甚矣其老于此中而莫之知也莖乎

他謬巧而惜此摯〻于學者初不解其嗜好之迂生乎何所樂〻而即此摯〻于學者亦共服其精神之篤其為人也則可謂云爾已矣女拘此說以告葉公而子之為人不且太白也哉而不謂女之默爾不對也是則吾之所不解也

憤樂憂食等語一着色相便落題遠矣以題神寫寔理能使題中數虛字魂亦出歟

女奚不曰　一節

自明好學之心、欲賢者代白之也、夫〻子之為人、未嘗有異、但能憤樂相循、以至於老耳、子路奚不言耶、意謂吾人積數十年之功力、而此中甘苦之況、竟無以共証于旁觀、則生平之所學亦何據乎、蓋就將之功、雖歷諸終身而未盡、而勤敏之志、寔約之數語而可該、有以自喻、即可以喻人也、女乃不對葉公之問耶、舉世莫我知、而學達之修（便了取全神）、每撫心而自信、想女已熟窺之也、而今日之默〻者、翻膂當世以高深難量之藝、生安非所擅、而敏求有志、將投硯以窮年、想女固親承之也、而今日之寂〻者、得無求我于神奇莫測之地女而不言奚以悉予之為人乎夫予固學中人也義理艱深之處往往由苦而得甘皇然有求其憤者機耶油然理順其樂（一綫穿成運掉靈活）之境耶憤與樂並用而專一之至絕無外物之旁參則可以一日可以百年捴以矢其情之不變而已志氣沉潛之積往往極純而不雜攻苦極而嗜好胥捐有所不忘而因有所忘也愉快深而憂慮悉化有所忘而知其所不忘也憤與樂遞引而循環之用直與（純亦不已之妙在言外）天運為推遷竟不覺去日之多來日之少凡以殫其功之有常而已女奚不曰其為人也時而憤時而樂刻厲人也食可忘憂可忘篤志人也而且少而壯壯而老終始如一老將至而不知抑又有

恆人也自志學以至假年無不循經之順逆何有虛負之年華此憤此樂吾黨所共嘗欲別索神奇而不得（奚不曰三字得神）辭避志而勤時敏以純一者絕萬物之緣以不已者驗天心之復為憤為樂無衍而不與欲故為隱諱而無庸其為人也則可謂云爾已矣（妙絕）猶是人人共有之憤樂而人為其淺我致其深人為其暫我矣于久學之而不厭中懷所獨結也女奚不予諒而弗克以朝夕敝皇之業為一堂告語之端哉（神）以予一人獨致之憤樂而凡為學者依然共此性情苟（二意合看全是奚不云爾之）在修途無不同此歲月學為如不及夫人可其勉也女奚不予信而弗克以畢生勤苦之懷閑吾道無奇之旨哉蓋可以獨為者即

可共為也。欲其共為者。必先共白也。女奚不言而使予之為人從此隱耶。

鑄局緊湊看語亦復精醇非乞靈於故紙堆中者

女奚不

鄧田

女奚不曰　忘憂　尤侗

人以忘而深，未可使外人道也。夫憤深食忘，樂深憂忘，此中真意，有不能自言者，況代為言乎？子言之，然後想見其為人。謂子路曰：凡人學問不能相餉，而性情惟堪自怡，然未嘗不可取而喻也。嘗四海於目者，動勢風雨之間；醉六經于心者，放眥日月之下。豈云我之懷矣，不敢以告人乎與哉？不對。予以我為何如人與？予而論其年邈矣，然讀王門之書者，知其人有憂患之思；賦卷阿之篇者，知其人有優游之志。尤匡坐同堂者也。夫載筆而懼，彈琴而喜，彼何人哉？曷不置之古人之側與予而擬。九州遐矣，然攬山川之吟

文王演易于王門

天風吹下步虛聲

者知其人有幽墨之恨閒鎬紵之贈若知其人有風雅之娛況馬（季札子產以二物相贈）遊同車者也夫臨河而嘆牽野而歌彼何人哉曷不長之令人之（夫子臨河而不濟厄陳蔡猶歌）乎則往告之曰其為人也日乾乾也夕惕惕也自朝至晏不遑暇也所謂發憤忘食者也又往告之曰其為人也獨寐言也獨寤宿也優哉優哉以卒歲也所謂樂以忘憂者也天下無一日忽憤忽樂之人而偶然有慷有端交集遂同於日見之四座之間或鼓或罷一卷之內或泣或歌當其憤雖笙簧在御不能宥其悱忻當其樂鑠風雷在前不能生其慨歎夫愚狡童者有微子不發之悲山樞者有喜樂永日之情此愚人之意緒則然吾豈異于愚人

哉天下無長憤長樂之人而不知所起一往而深遂可于終身得（照○浩）
之七十國之茂草芭粮慨當以慷三千人之鳴絃諷古式燕以敖（詩字喻世乱也）（孔子弟子）
惟其憤故曰征月邁即以既其中心惟其樂故春羽秋千還以寬
其況瘁夫風搖雨敝公孫有十反之勞禹拜皋夔南薰有五絃之（崔公）
奏此至人之神明則然吾敢同於至人哉或謂猥君相之微晉其
憤樂必過人故一怒爲秋天下喪其七鬯一喜爲春天下應其鼓（董子）（句○藻）
鍾乎也憔悴布衣之列何所資以移我情乎然而聽龜山之操
稱正月之憂傷譜猗蘭之詩比於彤弓之燕窩未免有情不能不（小雅○憂○乱○詩）（小○雅○謐○有○功○諸○侯○詩）
爲之移也州州乎我非勞人好好乎我非驕人自吟自賞此事豈

堪詩贈乎武謂負英雄之畧者其憤樂當異人故大武三曾劍胄
彰其殺伐天文三曾琴瑟寫其聲刺乎也藏修道德之林何所错
曾素也
蘇櫻張藉寧自然音慧敏雅
以發我志乎然而韋編三絕若居我下方怫之文春秋一書若發
我於明堂之位風昔有志不覺遂為之變也知我者謂我心憂不
知我者謂我何求亦步亦趨此意豈鄰共曉乎而也從陳蔡之圍
不火七日歌兕虎之什曲舞三終亦憤樂中人也胡為乎默默
王文成狀良知曰非黑非白其色正赤不必繩以經生家言要
其天空雲開條番繁結只是拈得慧耳
女奚不

# 女奚不曰

安徽王宗師科入　吳汝謨
當塗縣學一名

聖人無不可以告人於不言者而代之言焉夫子路之知夫子也熟矣而奚不爲葉公言乎予故因其不言而代之言歟且事之有待以傳者或委曲難明必藉人焉道達其間則旁觀之誦述往往（著眼在空）視當局爲倍真況本屬相知無不可往復而共傳之雖事涉猶有（曲肖奚不）餘情耳女乎奈何不對葉公之問乎天下有當時失之交臂而事（空神）後追維不妨曲明其心迹吾甚惜吾之不能爲女代也天下有旁（向對面作陪[illegible]）人故爲靳惜而當躬激發不難傾吐其淵衷吾甚怪女之不能爲（引入[illegible]旋）吾代也女乎奈何不對葉公之問乎分誼疏則見問未熟每相視（襯法貼切女字便不泛）

[illegible]

而不相知也。親炙門墻也，不為疏遠矣。晦明風雨，甘苦嘗與共
口口角如生
之矣。不以習見習聞者，釋其未見未聞之憾。術業爭，則知能異趣
雖相遇而不相謀也。同事學問也，無所爭方矣。山川跋涉，出入
嘗與偕焉矣。不以共知共能者，慰其求矣，求能之情隱僻者，雖與
對照下文，却以矣不字收住。
人言詭異者，難與人言。既非有不可對人之處矣，不親切以其
矣不字自所以
無奇有情僞，則不與人言。有微曖則不與人言。並非有深自晦匿
然處妙能寫出。疊用矣不厭了幾化
之私矣。不坦白以明其有衷矣，不言其一節耶？矣不言其全體耶？
女但使約畧數端，可悉生平之梗槩矣。不言其一日耶？矣不言其
仍縮入日字中。
終身耶？女但使覼縷數語，已盡疇昔之大凡。當世之震以虛名也。
對葉公說。

方且適〻然驚奚今也付諸藐〻莫益之驚也女奚不少破其[illegible]（三字現成）驚之習焉平情以道之斯人之測以臆見也方且窃〻然疑奚今也加以點〻是滋之疑也女奚不盡化其猜疑之意而稱心而言（如題）之懼蹈不讓之譏而戒其率爾幾等不知之事而用是闢如女不（切定子路不說深顧關如三妙）言吾可代為女言也女奚不曰

聖人語氣極虛婉又極平淡直趕到云爾方住畧一停頓便失神吻含畢下意處〻用奚不點睛却無一話重複而題位亡一絲不溢昔人評老杜詩清空一氣如話者也 虛舟

女奚不曰 一節 吳華孫

聖學可共信以勉然者自居也夫聖人不欲表其異而可共信其素由憤樂以忘老由何不為葉公對哉暁子路曰吾人立身之實（得神）當示人以可信無示人以可疑蓋性情之地攻苦固所自知而邑勉之勤曲折何妨共喻倘必絕人以不可知而謂有難測之故亦甚謬（渾）不然已葉公殷然問我夫固欲悉吾之為人矣而吾竊自念之精微之理（說題神）在於性命之原循習之修不外日用之近（恰合）量未造於純化豈有高深功祇盡乎藏修初無隱秘吾亦奚不可相告者至道無奇而故有所隱無論天下莫知吾道之實而天下且得譏儒術之疎實功可勉而

出以共示是固非自欲表暴其長而感可免乎虛聲之謂夫女亦熟
悉吾之為人矣心與理化者意念悲悵其勞皇而吾固不能也氣以
志而銳而所嗜皆捐力與願俱勤而他岐自絕益不敢自安於不能
而趨向以尊也發憤忘食此亦女之所素觀者矣理根於心者性天
常見其浩蕩而吾則偶及也勤苦極而得優游心泰者境自足閱歷
深而得至味內重者外自輕益不敢自安於淺嘗而[illegible]胥淡也樂
以忘憂此又女之所心識者矣憤樂相深而引伸無極望道而無可
寬假之時悅心而無可斷續之日與理俱長亦與日俱長而終身以
之也憤樂相殉而循環無端義理日出其菁華以相嘗形質日竭其

（有餘不磨）（有光）（名）

神智而俱往與理俱永遂忘月之永而畢生無他也蓋不知老之將至云爾吾之為人如此而已矣女奚不為葉公告耶學問無窮而性情足據其境通其事真一心可以自信舉世無難共白聖神不數而黽勉可繼緜亦功無懸待功候既不容隱得力亦不必誣夫不知吾者每疑吾為不可知而予復以興言深人擬議是使吾窮年矻矻之心終不見白而或以過當之名相辯許也吾滋懼矣

情○為○　恰○落○　神○來○悠然○

確實沉至不假一矜張語字字經研鍊而出之體度安雅神致吞吐自是先正典型

冲和淳靜穆如清風不徙氣體之高潔

子曰女奚　全節

葛學院補虞仙遊縣學一等第二名廩　吳崑玉

聖人自明其為人、終其身於好學而已、夫情樂相尋而老至不知、好學者事也、夫子之為人如是云爾、而子路何以不曰耶、且天下詭僻之為恒令人駭、而緘默之過每令人疑、然使內顧之下而果有詭僻之為、則向人前而安於緘默者宜也、若迹畢生之所為、而初無可駭之行、則何必過為緘默以增人疑耶、女奚以不對葉公乎、夫吾今若殆將老矣、而還念生平之為人、豈有不堪對人言者哉、學問外炫奇表異之舉、世之所睹也、悉為吾之所淡、非好為戾俗也、處天地之中、欲為俯仰無愧之人、則炫奇表異之舉自宜淡焉而不習學問中日征月邁之功世之所厭也實為吾之所欣非好於自苦也生聖賢之後欲為理道不遺之身則日征月邁之功自必欣焉而不厭夫吾之為人果何如乎一女不見夫昔之朝饔夕飧時吾精神恍焉惚焉而昔饔飧之並忘者此非吾未得而發憤時哉夫理當探之愈渺之会惟有道味之甘廹欲相嘗耳而于一食乎何有古君子所為敏慎交深而安飽無求也吾之為人何独不然一女不見夫昔之饔困歷艱日吾意態優焉游焉而否艱阻之胥忘者此非吾已得而自樂日哉夫理當油然相睨之際惟有道中真趣堪為怡悅耳而此外亦復何憂古之人所為道積厥躬而

無入不得也吾之為人大率如是夫吾今者殆將老矣而還念生平之為人相尋于憤樂中者夫寧知老之將至乎新故之遞遷也數十年杏壇泗水之側其為吾所未得與吾所已得者凡經閱歷矣憤之後有樂也樂之後仍有憤繼而計之祗此一憤一樂別無奇行在葉公或未之窺也而女豈日習而不相知乎功力之無間也極古來微言大義之歸凡吾所由未得以求其必得者歷乎朝夕矣倏而食可忘也倏而憂亦可忘迨而遡之祗此忘食忘憂循環不已女豈心知而不言乎非然而胡不舉以相告也今而後有詢我之為人者女對之曰吾夫子固發憤忘食樂以忘憂不知老

女奚不曰 一節

江蘇陳臬司觀風
元和縣學一名 吳智

心常一於學聖人之為人可言也夫子非有甚異於人也惟憤
須人字全
樂之無窮忘食忘憂且忘老斯可言其為人已耳今夫人之各有
神在握
真也有其所忘必有其所不忘有其所不知必有其所獨知惟淡
焉漠焉悠焉忽焉則其所不急所獨知者皆不足以自定其為人
已若既明明有所獨切豈誠不足為外人道乎何默默幽也蓋人
有一心所貫注而周旋不失則其神斯永我也自維菲薄亦未過
爾優游而神不可沒豈云意會難以言傳一人有畢生所寄託而曲
折相依則其趣彌深我也結習頗堅無望世有相知而趣有可窺

當亦獨得無難其領之矣不曰其為人也大都一用心獨至人也（於○接○　渾○老○）
方心與道終離有憤夫人志有所戀而捐嗜慾以從之意有所阻（○籍○定）
而憤日用以徇之亦其常也溯氣相追經屈抑而彌難自禁[illegible]（句○○○萬○神○）
焉而已憤之至即如食固人之所不可無而亦忘之矣道適心（○淡○無○○華○味○有○百○端○）
融則有樂夫人情有所反著之轉而倍覺其甘味有獨親中[illegible]
而不奪乎外又其恒也孤悽怨暢從寂寞而彌足自怡亦樂焉矣（○妙○下○二○字○）
已樂之甚即如憂亦人之所不能已而又忘之矣道之遇雖不可（○不○作○張○皇○）
必憤不深而憤何時而也樂不深而樂何可以繼乃此中樂可自
慰此意終無可自覓道之離合不可常憤樂苟可偏至何以相引

[子曰]女奚不曰 一節（上論） 吳智

抉無窮憤樂苟可中分何以相循於靡間乃此生之閲歷既深
際之推遷亦不覺以彼其人殆將終老於是乎花襟浩浩而移人
之妙十二時中樂趣
聖人純亦不已
於其間特須臾耳憤亦幾何樂亦幾何即欲少延此身以償嘗乎
華入神
憤樂之況勢必不能使老之不至而其人不知也夫道莊莊而運
人於其中能究竟乎怨而得憤怨而得樂即欲惜此寸陰以無失
意思濃
妙
乎憤樂之候情亦既危於老之將至而其人併不知也則祇知有
[illegible]樂而終身于忘食忘憂也如是如是為人差得乎為人之味也
如是為人差盡乎為人之事也其為人也則可謂云爾已矣奚不
令葉公知之也

直省鄉墨[illegible]

女奚不曰 吳

女奚不曰　吳

直白與雋永兼之。直白得題理。雋永肖題情。不作一字矜張。尤為妙入神解。麤心人罕識其趣。

極肖題神極滑作法

女奚不曰　節

沈應時

聖人所自敘者，皆人不能已於學者也，未憤忘食，樂忘憂，而以忘老，此人不能已者耳，惟聖人得之，故能言之，為敘于子路曰，嘗覽循環之運，而人生不能須臾矣，一人無學，一人失之，一日無學，一生虛之，丘蓋撓此於寤寐之交，而吾媿吾人焉，因為之不已矣，女曾不觀吾於昔心力索時乎，而矣不曰其為人也，發憤忘食者也，女曾不觀吾於自喻適志時乎，而矣不曰其為人也，樂以忘憂者也，女曾不觀吾於晝夜不舍時乎，而矣不曰其為人之憤樂也，不知老之將至者也，知而好好而樂盡學中之廿，若而其人之親嘗也熟矣，胸中無別領之趣味矣，少而壯壯而老盡學中之歲月，而其人之履歷也一矣，生平無閒歇之精神矣，朝

然而發憤也意猶人々々憤勃之生意也而不覺夫人之戀篤也胡然而
樂也意猶人々々益溢之夫機也而不覺夫人之暢遂也胡然而老之將
至不知也意猶人々々就將之恒念也而不覺夫人之優游以卒歲也性
天之含精凝之而神守之境遂之爽身涉之而心遺之一生孜々矻々
不離乎是々々其為人云爾矣不對葉公於蓋此聖人不見之心精也難
聖人能自見他人不能見矣此聖人自道之實依也他人不能道亦難
聖人能自道矣彼子路豈能形容至此哉宜其無以對矣

句々是聖人自說都句々是代子路說傳題之神盡文之致○若僅
發如何忘食忘憂忘年便非自道為人語氣

女奚不曰　一節　　沈翼機

聖人即學人也爲人從可法矣夫憤焉樂焉以至于老學人所不能聖人非有加也子自言其爲人如此而人將何法哉告子路曰吾人所與爲終身者學而已矣由乎前而思之幾不能以自喻由乎後而思之無不可以告人其間甘苦之候得失消長之機固不一其境焉不一其境而無不一其學焉故學之而一日也亦學之而終身也葉公之問女何默默也女之從吾久矣吾今者殆將老矣由思日用間所爲[illegible]朝以名者何心所爲斯陶斯咏者又何心不爲憤也樂也而女寧不聞近憶生平來所爲紛華之不縈者何心所爲俯仰之皆寬

着又何心不過忘食也忘憂也而女寧不聞則奚不進葉公而語之曰其為人也夫亦猶是老于憤者也老于樂者也則奚不進葉公而語之曰其為人也夫亦猶是老于憤樂而不知者也老于忘食忘憂而不知者也凡人皆有所求苟有所求必有所棄從來有嗜好猶存而入理能深者則亦未有入理既深而嗜好猶存者凡為學者類如斯矣而其為人何以異凡人皆有所得苟有所得必有所捐從來有感歎無聊而曠然有會者則亦未有曠然會心而感歎無聊者凡為學者類如斯矣而其為人又何以異故當其憤也并不知有樂也當其樂也并不知有憤也紉焉而凝神以思怨焉而相悅以解在旁觀

而不識其何故。且當其憤也。惟知憤之足以啓吾樂。而樂之外不
知也。當其樂也。惟知樂之足以慰吾憤。而憤之外不知也。怨焉而擬
之議之。以求其深。怨焉而愛之慕之。以得其旨。在當境者亦不解其
由來。一日之暫。憤與樂屢遷其候。而覺理道愈進而愈無盡也。就將
其何窮哉。終身之久。憤與樂[illegible]疾而覺功力食食而愈難也。歲
月其易逝哉。今日者猶將老矣。回而思之。[illegible]憶之憤云爾。樂云爾。
忘食忘憂云爾。不知老之將至云爾。其為人也。如此而何難知之。其
為人也。如此而何難言之。葉公之。女何默默也。

絕茨紅真。如面相語。一路用筆之妙。政所謂穿花蛺蝶深深見。點

丙戌科大題文題

水蜻蜓款款飛。令人把翫不盡。

論語

女奚不曰　一節　沈翼機

聖人即學人也、為人從可識矣、夫憤焉樂焉、以至于老、學人所不察、聖人非有加也。于自言其為人如此、而人不從可識哉、告于路曰、吾人所與為終身者學而已矣。由乎前而思之、幾不能以自喻、由乎後而思之、無不可以告人。其間甘苦之候、得失消長之機、不一其境、而無不一其學焉。故學之而一日也、亦學之而終身也、葉公之問女何默默也。女之從吾久矣、吾今者殆將老矣、回思日用間所為以朝以夕者何心、所為斯陶斯咏者又何心、不過憤也樂也、而女寧不聞。遙憶生平來所為紛華之不慕者何心、所為俯仰之皆寬者又何心、不

（虛吸全神。從末句從人轉提示神。六爾字神。目從吾句。生出）

為急食也忘憂也而女寧不聞則奚不進葉公而詔之曰其為人也（出的飛動）老夫亦猶是老于憤者也老于樂者也則奚不進葉公而詔之曰其為人也（雋致）（緊扣合題）老夫亦猶是老于憤樂而不知者也老于忘食忘憂而不知者也（看得平淡妙絕）凡人皆有所求苟有所求必有所棄從未有嗜好猶存而入理能深者則亦未有入理既深而嗜好猶存者凡為學者類如斯矣而其為（云不二）人何以異凡人皆有所得苟有所得必有所捐從未有感歎無聊者（字傳神）曠然有會者則亦未有曠然會心而感歎無聊者凡為學者類如斯矣而其為人又何以異故當其憤也并不知有樂也當其樂也并不（小收入下節）知有憤也忽焉而凝神以思忽焉而相悅以解在旁觀者初不識其

何故一旦當其憤也惟知憤之足以啟吾樂而樂之外不知也當其樂

（換筆另是一意）

也惟知樂之足以慰吾憤而憤之外不知也忽焉而擬之議之以求

（無義）

其深忽焉而愛之慕之以得其肯在當境者亦不解其由來一日之

（不捜傷出夫子望道未見心胸）

暫憤與樂屢遷其候而覺理道愈進而愈遠終身之久憤與樂屢遷

（應前）（一齊）

其候而覺功力愈深而愈難今月者殆將老矣回而思之遥而憶之

（收拾字字欲飛）

憤云爾樂云爾忘食忘憂云爾不知老之將至云爾其為人也如此

而何難知之其為人也如此而何難言之葉公之問女何默默也

纖淡絕真如面相語一路用筆之妙政所謂穿花蛺蝶深深見點

水蜻蜓款款飛令人把翫不盡

本科大題一貫錄　　大奚不　沈

只以末句云爾二字軀取全題起忽靈妙桐江欲活而發揮題蘊

亦粗搜殆盡可謂虛實併到理法兼優

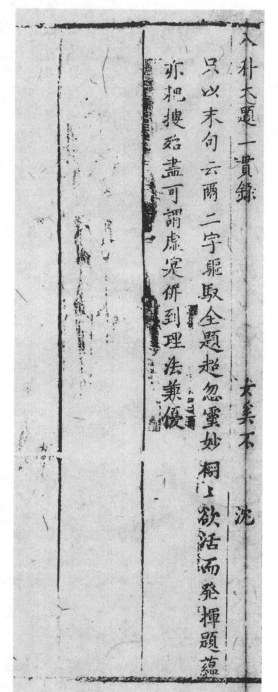

子曰女奚　一節

萬李院歲課　府李一等二名　興化林元桂

聖人終身於學不欲負諱其爲人也夫憤樂相尋而老至不知聖人之爲人若此也奈何不以之對葉公乎且人之生平其有不能共白者皆其有不可自白者也若夫綜此身之宵旦勤劬性情與人同材力以已奮年華爲學深半生荏苒平淡無奇而頤欲曲而諱之則亦非以道相期者之隱願矣由之不以吾告葉公也殆以吾之爲人或亦有不可知者在耶震時絕物之非此心久已不入于隱怪而虛譽之過多或有含厥近修而舉其新奇者以相視則試按而核之覺斂皇几席依然一東魯之儒生惰氣浮情之失寸

六五

衰久已不安于暴棄而守株之太甚不無共此晦明而舉其征迈者以相忘惟還相爲証之覺閱歷年所何妨作尼山之知己今夫理未得而有憤心吾亦猶夫人也已得而有樂心吾亦猶夫人也老之將至吾固與人相安於同發憤而至於忘食吾之自爲也樂而至於忘憂吾之自爲也老至不知人若與吾相属於独天然而吾之爲人概可言已此身僅比于中材何敢以道岸誕登妄冀生安之逸獲吾之爲人蓋亦拙甚第以知能不與道相融則饔飧皆爲可廢心思苟與道相洽即境遇亦屬可平歲月無多功程難止雖歐一隙偷閒以爲我生享天年之福而冉冉者已屆衰期也予

六五

亦况瘁矣哉此志既期於古處何忍以義味堪腴獨讓聖神之上
達吾之為人蓋亦健甚特是理一往而一復則用情幾爲變幻功
一說而一起覺細累舉可悉捐居諸易逝學問難成廻思少壯精
勤惟懷哀慕有息肩之致而忽忽者究無竟時也予亦黽勉矣哉
天下証心之事傳聞者每不如習見者之真吾之憤樂至老吾固
為由所習見者矣居恆掄揚師範而至此忽吝惜其指陳幾使杏
壇誦讀反爲愚夫愚婦所驚疑而畢生之攻苦誰為持體與吾人
致力之地自言者尤賴有共明者之切吾之老於憤樂吾亦望由
之共明者矣原昔閒脩自好原未嘗務表暴其隱微但以及門隱

六六　林　女奚

六六　林　女奚

諱致等遊心觀化之靜悟而學中之委折何由剖明歟噫此吾所以亟亟自白其為人而于不言者有深訴焉

丰神俊逸原評

吳學院歲取進莆田縣學第　名林書高　丹斯

女奚不曰

聖無難以語人因詰賢者之不宣焉夫苟有難明之隱奚能悉以共明哉子詰由之不曰殆實有其無難明耳謂夫吾生之閱歷苟不克盡人而面語者恒賴吾徒之傳信而始顯白於天下蓋既有以自信即無不可共信業有所堪白即無不可代白此中相喻之微烏容沒也由乎女之不對葉公奚為乎一將毋視吾太深而曰挾拘墟之識固未易推測而知耶此其若艱于建議欲吐而轉茹者意念或別有見將毋擬吾太高而曰隆神奇之號猶未易形容而盡乎惟是自安于簡默欲發而旋收者旁參殆有獨解然天下名

之所著必核其実而後獲其所歸夫名不容假也使核実而深諱焉將所藴不彰世且慕吾之虛名究無以悉吾之実行則女之用意似刻矣天下真之所呈不淆於似而後無能爭託夫似誠當惡也苟辨真而姑嘿焉將所閟莫剖世終揣吾之近似竟無以證吾之真修則女之用情亦疎夙昔所操持非得之躬承著則語焉恐其不詳女與吾洙泗追隨爲獨洽矣則以親炙之竊尋諒自立說之不易奈何哉歷歷然在于女心也吶吶然莫出女口殊多含意而未申焉半生之諳力偶得之傳聞者則述焉慮其未精女與吾函丈周旋亦多日矣則以敬業之習見自可共示其無他奈何哉明

明有為女所易量者隱〻若為女所难宣豈真欲辨而忘言耶女亦知夫人有一節足録世即從而稱之我固行不求聞詎同無所成名而為女所莫稱乎女而不曰我其如女何女亦見夫人有生平懋修恒欲自為表焉我即人莫我知固已無行不與而非女所可表乎女而不曰女其謂我何蓋我之為人惟此憤樂相尋以至于老而不自知也女奚不曰

女奚不　秩

女奚不曰其為人也　查賚

聖人自明其為人、若無不可以語人也、蓋夫子之為人、雖不易言、而未嘗無可言、何子路之靳而不以告也、欲其自言若曰久矣不鮮人之難視夫子也、畢生閱歷其人亦滿、乃以周旋有素者而言之猶多所疑、豈以吾之為人固有新難定者耶、而人之知我恆不（曲曲鈎出奚不二字之神）如我之自知也、此亦甚不可解者矣、有如葉公之問、豈非欲知我（截住）之為人也哉、夙昔傳聞、有被斥以生知之譽、有加無以聖仁之稱者、于是葉公急欲得吾黨之一言以為信、吾意女必告之曰其為（筆下有生龍活虎之勢）人也不過如是也、俾葉公者惘然以來、悵然以辭曰其為人也不

過如是也在葉公樂得有女采叅吾夔為人吾亦樂得有女以明
香之為人而女竟香也是則吾之所不解於女也今將以好吾贊
懷古人誦其詩讀其書因而神往其為人也乃無端而與為歌焉
乃無端而與為哭焉即在千百世之上猶將舉其為久而遙遡之
若予之為人則晨夕可數矣今將以女為衡量今人千里一聖百
里一賢因而遠凝其為人也以為安飽之無求焉以為敏慎之必
畫焉既飫千百肆之遙識難群其為人而盡得之若予之為人則
甘苦覷而矣要能就女乎曰體驗之際而察以揣其機棟然其共
我之進德也欣然其並我之修業也則從女之搢履而還以得我

[子曰]女奚不曰其為人也（論語）　查賨

之為人也可少能取我志乎身體之時為靜以操其故思我何以人所急而獨緩也思我何以人所緩而獨急也則固女之靜觀而遂以得我之為人也亦可女得毋曰有來易名言者鼓吾亦不能輕以相告乎而亦知其為人也昭然在耳目之前而聽女提聚矣而何有乎名言之莫措女得毋向有非其人而問者故吾亦不能泛然以荅乎而亦知其為人也既然在見聞之表而為女習觀矣而何虛彼諮訪之甚盛之而得則今女學總而作若彰之擬俯仰身世久自忘乎之為人矣幸有過問平生重期一稱雅素而且曰是何足與言為人也則皆女之輕其人而謹我之為人也息而齊

總○宗衛○之○郊○忽○而○泗○水○東○山○之○側○徘○徊○闗○歷○誰○共○語○乎○之○為○人○矣○幸○有○延○訪○吾○徒○學○業○一○陳○素○履○而○且○曰○是○非○彼○所○知○也○凡○將○女○之○湯○其○人○而○隱○我○之○為○人○也○我○一○行○也○我○未○嘗○隱○而○女○不○能○顯○我○一二○也○女○共○聞○之○而○我○不○能○諱○不○諱○而○不○能○知○我○為○人○不○隱○而○又○不○能○知○我○為○人○是○皆○女○之○愚○也○不○然○而○我○女○動○奚○不○曰○其○為○人○也○

鎔貫八字○一冶鑄成○極偏仄處○偏有餘地○發揮三句○一一映襯○却不貫粘一語○欽遙題位○玲瓏活動○逸氣飄飄○屏風上行○薰籠上立○

女奚不　查

女奚不曰其為人也　氣勝　　郎　坦

深詰賢者之不對而因自言其為人焉夫聖與人同特為之有異耳子之代言寔乎之自言也不然子路豈能言夫子之為人乎若曰言

原評一講實發齋下得見廬山真面目

已者貴于寫心狀人者在於得寔果其能得寔也則以人言人可參觀也而况以我言人乎果其能寫心也則以人言我猶相對視而况以我言我乎儻必謂以我言我代人以言而始得其真則以人言我豈盡出於失寔乎如葉公之問我豈不欲知我之為人乎我之為人諒宛約於女之意中悠然於女之目中斟酌於女之言中脫然于女之口中矣而奚為不對也抱疑而來欲取信而去子乃默然相對蓋

賓

涉折卦運會次與到

緊叠

伸敘攏上削俟繹分論

（○從○一○對○一○不○對○中○流○出○女○夷○不○內○科○理○鉤○攝○之○妙不可思○議）

之懸然兩懸不能以相錯我安得不為代述其詞徵信而至仍得

而壯兼公亦置不論猶之鏡焉兩鏡不能以相鑒我安得不用當

（軒然大○波起不但○為下文烘○雲○托○月○正○在○其○字○外[illegible]○注[illegible]○發）

之道顧吾思之天地之大宇宙之邈聖人之為人有可言也賢人之

（○仲○）

為人有可言也庸人之為人亦可言也倘使人為臯益君臣之間有

授受也人為質尹圖範之際有秘藏也人為周召有土揆待旦之勞

（○一○筆○出○入○奇○）

也人為彭聃享遐算韶華之久也若是者其德盛其遇隆女能言之

（○雅○位○）

我亦能言之我也周流列國抱殘守缺似無可言者此則聞者與不

（○一○筆○折○轉○）

對者兩有願望于我上滋愧矣然而人聞我以為人初不在此也以

為釣弋射御我皆為之疑我為多才人然熟我不忘故步我乃自成

其為我女奚不直道我之為人刪定贊修我能為之擬我為非常人（一○乜○昔事○總○托）
狥狀我不越素履我不自秘其為我女奚不由道我之為人況古人
夢想猶得圖形千里爭一室耳女奚不以片語照發之生平即吾黨（[illegible]）
彈琴猶能望影異世爭同堂耳女奚不以數言述我一生之閱歷而
頓使疑者信驚者喜誤聽者平情傳聞者釋憾至備女而使我修為（普○節○入○妙）
寫我性情陳我偃蹇攝我顛末一一述之於人曰其為人非無異也（一○氣○縱○入○全○神○[illegible]○利○到○筆○到○意○到○利）
其為人亦非有異也信之已而篤語之人而詳此亦情事之常無足（○者○評○細○密○緣○緊）
多者

運靈警以排空寓堅卓于疏古奇而法正而範殆兼之矣　原評

女奚不　郎

考卷康慶　上論　女奚不郎

妥帖排奡大含細入制藝雄觀　吳鑑堂

氣勝故高下皆宜意勝故靜躁俱蠲雕鏤近粗奔放似豪妙在肖

口肖神故粗豪處都歸雋永　沃京門

女奚不曰　一節

杭州　袁渚孫　祖庚

聖人聖于學不妨為外人道也蓋憤樂相循而吾子老矣而吾子
老矣夫子亦猶是學人也人何違焉子惡曰吾生平有何謬巧人
與我而我無異也以我之心力我之學以我之學畢我之平蓋嘗
回而思之竊有可以共白者甘苦兩邊人所同然何堪旁觀者疑
之而及門者叙之也葉公致詢于女而女不以對不能對抑亦不
以對聖人之周旋者久則其相喻亦最深學在而吾與居老在而
女與居無所為不能对矣隱而不言竟使震驚者歸功遂獲一人之
從事者同則其相知亦倍切吾弟學其學之學女慕師可師之師

無所為不屑对矣漸而不予幾使擬議者〻事迷途女（滴〻出）奚不曰與名理相薄于無窮而獨嘗之境猶是人所共嘗之境當其扞格于始浹洽于終諠諸當世之修儒曾不得少弛其閱歷以情性相深于無盡而獨至之心猶是人所共篤之心嘗共抑鬱于袑悟愉于終極諸終生之懋勉提無能少懈其精神其為人也發憤忘食樂以忘憂不知老之將至云爾挾質而盡委折之程局外揣之古今無此神奇也英華銷沮矣一辰之以憤抱衝于敵我闇與遷深矣通（句〻如〻太〻甘〻）之以樂滿志于瀕機大道之離合覿疏知愚一轍而川外可以忽（剛〻義〻）斗中可以老死〻者寧有[illegible]期乎但即憤樂以想其為人而功能

在其中歲月在其中女奚不核實而對焉冥情而[illegible][illegible][illegible][illegible][illegible]
容安之聖賢無不勤勤也隱識生矣以憤致樂如報其狀于天懷
暢矣由樂得憤痛懲甚滿假吾黨之悲愉欣戚安勉遂兩事事
不覺其忘時時不言其老汲汲者原無止境耳但即憤樂以括其
為人所器請在其中情性仕其中女奚不稱量而對焉借曰無窮
之境人得其粗吾得其精乎然而精亦精于共由之境也孫情之
人志與氣衰勤勵之人篤隨年進擬于其倫亦惟憤樂之倫差有
擬耳女知求而未語于人人緣女而致疑于我也庸詎知奇而乎
也借曰無盡之也人用其淺吾用其深乎然而深亦深于共篤之

女真不

心也人之才華量而漸退人之義理久而彌純見予其真亦難謂渠之真猶可見乎吾無一不堪為女喻女無在不堪為人告也乎（声東說外）奈何嘿而息也女為幾隱我為女明盡以吾之語女者語外處乎

神致淵潛首道上振衣千仞岡濯足萬里流以芳斯文境

周新之

# 女奚不曰其爲人也

徐正騶

聖非有異人之為。代之言而實以自白也。夫子之為人。疑以為異者衆矣。因子路不對葉公。而若欲待之言者。亦聊以自白耳。意以吾儒抱闇然之修。初若委曲而難明。有人焉確指為何居。則旁觀之誦述。視當局為僭真矣。夫吾豈真曰知我其天。而故令當世之（原評抬異此案作對斷）不知。且不使吾黨之知我者。據所知以相待贈。則女今者不對葉公。為予所惆悵而不能忘也。蓋斯世方震驚吾人。謂其高深不測。不為之洞啟扃鑰。幾疑絕業之別有神奇。其人特虞詡吾徒。不揆流俗取信。惟為之約略生平。始知素行之無他謬巧。女竟不以吾

之為人對棄公乎一分誼疏則此情難喻孰途人而詢以門內之何
康穿弃書照下邪得
固若為弗聞而過矣我與女消息不殊耳一日之長依然而崢嶸
此抑與好絲
非昔終身之誦亦偶而征灑綦勤於爾識歷歷在我更明明也是
豈得皇然委謝以為予未有知識舍與則其道不謀棲大尹而語
以此中有深意誰其欲蓋忘言也彼於我聽猶亦淺耳多能是震
得非沿太宰之不情若聖與仁論亦誤吾徒之阿好在彼既倏倏
是集不二字口息
而此何落落也是無容厚自貴愛以為若何可語均是人也而聖
焉而賢焉說之已成者然耳善論人於前嚮之頃者無用以已新
哀許其為人是來本直欲
如其性情嗜好以還之其許其否則懸乎彼矣女寧計不及此乎

人無異人為無異為而憔悴堪憐自思亦有誰當肩託者所望女
（原評其字涵泳體）
（言奚指兩人之意）
與之鄭重而分明以彼人也於我師焉於我友焉誼之相切者然
（原評其為人是憑公立）
耳偶倩箸於鉅公之側者無為以已預等夫泥常鑒較以要之其
（說）
郁其楊亦誰復禁矣女寧識不遠此乎人不言而喻為大略可知
（原評其字急捷讀為歌接問者之神）
而詢訪式臨接時正有無俟更端者是在女為之從容而櫽括一字
（工力絕倫奚字轉此亦足）
戀不讓之譏毋為率爾竟與不知等視姑以闕如為我告曰其為
人也而奚為其不然也
不於題外增添一字只就其為人梳剔而下文已隱躍毫端圓
美流轉洵屬尒雅溫文　顧蕙種

女奚不曰 一節 丁亥 丁酉改實 孫見龍

聖無不可知者、亦純於學而已、蓋一憤一樂、而老至不知、夫子之為人云爾也、葉公豈不足以知之哉、若曰、吾嘗內驗生平。覺自少至壯。自壯而老。日憂且喜於名理之中。而未有已也。此宜亟與守內共明之者。而不謂近在吾黨。竟默焉以激當世之疑也。夫學當勤苦之後。最難自慰。使有不可告諸人者。先有不可質諸己者矣。而學至積久之餘。始堪自信。苟可備喻之一己者。即可以共喻之天下矣。吾於是重念吾之為人也。我豈敢自附於聖仁君子之列也哉。然仁聖之名不敢居。而學問之事所必盡也。獨是情之繫有所喜者必非情之深情之所有所營者亦必非情之至吾何如乎始而皇然繼而快然歷之終身而初無二致閲之遲暮而益有難窮是則吾之為人也人人所能共識也我豈敢或入於矜奇炫異之流也淡然奇異之事不敢驚而庸近之理所必求也獨是不致（平新）其艱苦之功則欲淺嘗併無淺獲而非實有解悟之處則雖浮慕縱属浮情吾何如乎忽而踴躍不遑忽而優游自得心思與歲月（名雋）俱長而學業不與年華同逝是則吾之為人也人人所堪共會也夫女獨不見古之好修者乎其未得也有不汲汲以赴即其既得也有不欣欣而喜即其有所已得而復有所未得也有不畢生學

馬而欲罷不能耶。吾之為人也。亦若是焉已矣。且女之來吾門也。非一日矣。昔廿衆悉。每歎歲序之遷流。欣戚相尋。不覺光陰之荏苒。女周旋吾丈以來。當已心識吾之為人也。而曷為默默歟。抑女之從吾遊也。亦有年矣。忘吾衰之已甚。好古敏求。憫畢世而無聞。假年學易。奔走風塵之際。當人習見吾之為人也。而何為默默歟。女奚不曰。發憤忘食。樂以忘憂。不知老之將至云爾者。是其為人也乎。

將全題總發最能寫出聖人身分實義既透虛神亦現而遣詞造句更覺工妙殊常　胡欽番

# 女奚不曰

署海邑楊太尊
三覆第一名　黃文袞

欲代賢者以對故以不難言者示之焉夫使天子以爲言則其不對也宜耳乃寧非無亦可以言傳也子路其何難其何哉若曰太凡事有無不可以告人之處而不能一一舉以告人所什有人焉相與發其所未發斯亦漠耳若乃因其閒而偏秘之俾斯人之皎然以來而亢不能釋然以去且使無不可以告人者一表其不可以告人殊爲我生之憾事矣吾向深爲女望今又轉爲女惜步想葉公之問丘於女也豈不曰生平其處其幾之也必深微矣倘他人以咨詢而不於女以推求意女之於丘固無難出其胸蓄以播示播也又豈不曰朝

論語

隨其言之也最詳故忽關他人撥女而發以與關之如意女之
在誠不難發其一語以參向者也給女無為而可對聊夫即可以
未有說請
八即其不可以對女不可以對女即弁不可得女伐請數其而
幽懋虛語大見
之視丘果何如乎今將以姿翻瞭觀往古方以其請焉賢其書
則千百世之久欲擬大概而書怨似亦擬識之甚耳然而匪
之際猶將設身處其間而舉而道之著夫妙素眉膳對之得既非
千世百世之久有僅付之手傳開著初何難埋懷以共智也而女
見否耶今將以女而衡量當今見有千里一生焉自美一賢焉則吾
星之然欲得真處以言之似亦議許之不易者耳然而處

[illegible]一丘其地而得而稱之矣天以夙知知心之治又非如千
百里之遥而第付之於想像者初何難概槩將相[illegible]而女又否耶
吾揣女不言之意得毋淺視葉公以為不足與深[illegible]乎乃無何淺
視葉公而因以隱丘矣夫葉公原不可以淺視[illegible]非徒以深求
幸得有女之熟習得以傳其一二也而女[illegible]不然[illegible]女得毋深
視夫丘以為不可以淺言者乎乃無何[illegible]夫[illegible]以賤丘矣故
大凡天下之索丘於淺與窺丘於深者[illegible]指陳幾得其
大較也而女奚不為丘白也蓋丘之為人原有歷歷其可言者
他家作此題只解葉公問丘於女本欲女對今女奚為不對便失

其學
論語

[子曰]女奚不曰（論語）　黃文裒

况熟丁主於頻將奚不二字○空挑滿紙○千篇一律○茲作獨能處處會全神以立言見得丘奚不可以對人○丘更容易對人○况女平日素習於丘便當擧以告人○今女奚不慨擧以葉公耶○率意穎秀○出語虛活○知非粹養之士○那能辦此○原評

竟以取勢○曲以傳神○中二比借襯有法○對照說來○更覺靈動是善於奚不二字中討生活○不死在句下○着圈寘入文者賞鑒爲第一流人物也○

女奚不曰、　云爾　　陳其嵩

聖人自道其生平無不可對人言也、夫憤樂相尋而老且不知其為人不過云爾也是何不可對人言哉若曰丘今者年已老矣夫人至老則血氣已衰而學問難進前此者追悔而不得後此者欲從而不能丘竊憾丘之為人如是焉止矣乃來問者方震而驚之而為所問者復默以置之則是丘之為人止于此而人方且高視之也將丘之為人不愈晦耶女豈不知我之為人耶夫亦謂深言之而無當淺言之又將卑視我也然而正不必諱也女豈不能畢道我之為人耶夫亦謂大言之而已夸切指之我又若無奇也然

使合口吻

將、安、奚、不、

回、四字、傳、題一小比極有虛神

而正不必隱也女奚不曰其為人也（讀四語得口氣）非有奇姿異稟卓絕于人群
亦惟是好學功深自強于風昔窮見其未得則憤焉性之所近一
往成辟初非人世難得之秘而獨不解其何以鬱結若此也是殆
將以憤終身者且見其已得則樂焉情之所歆不能自禁祇此人
人共見之理而初不解其何以愉快若此也是殆將以樂終身者
以憤終身則且不知有憤（折不知有意致）何知有食以樂終身則且不知有樂何
知有憂由憤得樂也因樂愈憤也而其為人也（帶首句）亦忽忽已老矣雖
然老至矣仍不知其老也（又帶定為人）夫好學之極至于忘食忘憂其亦迂矣
乃並歲月遷流而不覺以是知非夫資穎悟人也老將至矣猶不

知其將至也夫好學之篤至于忘食忘憂其亦苦矣乃並日月之遷而忘之以是知非自甘逸豫人之事適故平心可揣（收來的是聖人語矣）朝于斯夕于斯憤樂之外別無騎行雖一息未嘗自安而俯仰終覺體然懽真歟人可共信少而壯壯而老憤樂之外別無心得雖志慮未嘗紛馳而寤寐終覺歉然其為人也不過云爾也而又何必致疑于我哉我之可對人言者如此竊歎以此質諸當世以觀世之謂我何如也而女奚不對為也

代聖人言語神情逼肖口吻如生不意極少年人乃能畫出老人終身好學情景真吳道子寫生手也　實菴

〇〇女奚不曰其　一節　陸毅

聖學無息、即其自白者見之焉、蓋夫子非有異人之爲也、惟終身於憤樂中耳、而聖學無息、不已見哉、意謂吾儒一生之品詣、必欲絕遠乎恒人。又何怪乎疑且畏者之紛紛也。若夫性情所積。可自喻即可以喻人。旁觀者但能從容相白。則窮之不必甚深也。約畧焉而明其槪矣、稱之不必過當也。核實焉而驗其真矣、女之不對葉公、何爲哉、人惟托術幽深。或非稱說之所能盡。斯亦可聲相置耳。而予之爲人（入首句）至坦白也。同堂晤對。猶以爲杳渺而難窺。無爲貴知己矣、人惟寄情（神致任）地、類非惟測之所能加。斯不禁轉相猜耳。而予之爲人。至平易也。

夙從遊猶未能取懷而浩謙亦殊愧同心矣則女奚不一一明告之豈忍志力深沉然後有翻然振勵之日也當夫一事未得則憂從中來有愧悔之無已者亦恒情大抵然乎而非徒曰憤焉已也嗜慾之懷久已與詩書之氣相左遂見為忘食也有然豈必天姿曠遠然後有怡然快足之期也當夫一事會心而我心卒獲有涵陶之無已者又恒情大槩然乎而非徒曰樂焉已也世故之紛不能與名理之親相易轉見為忘憂也又然乎其憤也樂亦可捐及其樂也憤亦可化意相夜則各見其專也而一遞一非不覺歲月之潛移乎其憤也樂已怨生及其樂也憤又忽起機相引則彌覺其長也而乍合乍離

杜道來平淡

對更佳

坐視春秋之屢易老之將至竟何知焉若是乎特躬之甚約也人世非常之舉何一不足震庸愚必規規焉抑其志於詩書絃誦中亦甚淡泊而無旨矣然而吾分之所當為者止此矣廿苦備嘗殊足盡此生之閱歷百年與旦暮直可齊觀也朝精夕孜而外縱欲求幾微之步益豈可得乎若是乎托業之不紛也古今卓絕之為何事不可矜賢智徒循循焉置我躬於日用動靜間亦甚庸近而無奇矣然而吾力之所能為者止此矣積勞得逸差堪慰夙夜之神明已往與將來揔無二致也好古敏求以外更欲期毫末之相加豈有據乎予之為人過如是云爾噫淺而視之不離下學從事之方深而窺之已裕

至無息之量。此意惟夫子堪自喻也。然則由之不對。固宜。
是一種圓美當行舉業。然亦不犯塵俗。其源出于錢希聲也。

女奚不　　陸

老橫

為不曰押根正為女奚甚勢

清機徐引

子曰女奚不曰　　蔡善述

昔非難知不對者何為也甚矣夫子非有甚難為老子豈可知郎

葉公亦無不可共喻也而奚為其不對哉今夫春秋時有孔子當

時聞其名而欲為神聖也舊矣不謂有謫　徒而求請者而竟默

默以去是使人疑夫子為聖不可知之詣自子路之不對甚久矣

子於是曉之曰異哉女之承葉公之問也乃唯是隱其旨而不傳

耶女其以是示門牆之峻歟則拒人已甚女之所不忍為也女其

以是寄尊崇之思歟則盛德難名亦我之所不任受也吾今者不

能遂恝然乎彼愈不得不艴然於女今夫天下事有可知者有不

軒然大波起

點染有致

返照入江翻石壁

輕攏慢撚自是一字一珠

可知者有可言者有不可言者倫類之不齊也知愚賢原難一致淺者之不同于深猶深者之不同于淺使于不可言者而强與之言則欲以啟彼之信不適足以滋彼之疑乎而葉公則弁其倫也杞梓皮革之珍楚材其可用矣女奚不從容以相示歟吾語之攸分也高卑初非一轍此之不可通于彼亦猶彼之不可通于此使于不可知者而强求其知不且困于攀躋無從而致歎於階升之無自乎而我又非其類也山川周旋之地會心其不遠矣女奚不婉轉以其明歟大抵局中者昭然而局外大然吾思葉公之所問必有不同于女之所欲言者則倒女于葉公彼真處局外者

此意人尤
有思不到

以葉公視女女又久在局中矣夫豈無可酬人之諮詢者而何必
故從其淡漠御當事者多明而旁觀者恒昧向以久而有所對亦
必有不同於我之所欲言者則以女視葉公女幾如當事矣以女
而視我女又等之旁觀矣夫豈真有形容莫罄者而何難一破
其驚疑吾是以不能釋然于女也吾是以欲互告于女也女奚不
曰

本房加批

純以精意貫串非一挑半剔者所能望其項背

女奚不曰　一節　　丙午江南　蔣燾 元樸

聖人純于為學自喻者即可以勉人也夫以憤樂之專而忘老之將至子之為人無時而非勉于學者也子路何不以是對葉公耶若曰吾人靜驗生平最難恝者恒在得失覩嘗之境而況情隨境遷寔有與為終身之致則出而欲與斯世相期亦不外此心之所獨信蓋不容誣其未至尤不容昧其已經也女之不對葉公得毋有疑于吾之為人乎一畢生非有他奇惟此知能行習亹亹于修為

（説得平常方合聖人謙退口氣）

而曾無止息之期行事何堪炫世即此奮興鼓舞耿耿于中懷而初無厭倦之意夫吾學之久而不嘗發憤耶人當窮無所入之際

每不禁思慮之徬徨吾則儼乎其若思范乎其若迷也志以追而求通雖淡泊而欲喻其旨氣以鬱而彌奮雖艱苦而不憚其勞憤之專也即式食庶幾而往往忘之憤之積而不當樂耶人當貺我既深之餘每不禁寤寐之恬愉吾則渙然其皆釋怡然其皆順也反身而逢其固有則暢遂者恒在當前謀理而還其新機則快慰者恒留吾念樂之專也即憂從中来而往往忘之若夫一憤一樂相尋靡已吾年不用是老耶人之歲月有遷流之感念壯盛之已非詎年歲之吾與吾則孜孜而日不足矻矻而恒窮年也朝考夕糾以勵其功能覺韶光之不能為我待日就月將以程其學業慮

邁征之不獨為我寬吾知也無涯即老冉冉其將至而亦不知耳是則吾之心誠無一念之敢懈也入乎世故之中而能淡乃能歷乎甘苦之途而可久吾自志學以來忽而愧勵之交集也忽而優

是純亦不已

游以自得也境地以積而屢遷而遲暮之非有止境者猶夫初也女寧不識吾敏求之心而乃緘默不言致令人懷疑而未決吾之功曾無一息之或間也進乎理道之數以相求必能泯夫欣戚之私以相守吾考夙夜之間何時而非咨嗟歎息也何時而非躊躇滿志也神明以用而彌永而請力之與時俱策者如一日也女寧不識吾下學之功而頓隱匿不宣致令人輾轉而未妥發憤忘食

樂以忘憂不知老之將至吾所以自勉而亦願與人共勉之也女奚不曰其為人也則可謂云爾矣乎

中分三股安頓題面前後醒出謙退之意于云爾語氣煞有領會側注忘年一邊于註中全體極至純一不已二句亦剖晰分明文心靜細氣度冲和非苟作者

女奚不

女奚不曰 節

劉永基

聖人自言其學，而所以學者寫矣。夫天下有何物可以憤樂至忘憂食而忘年者乎？夫子語下蓋語上也。想其曉子路意，以夫謗人而厚誣所未至，予何顏焉？獲其一生用心，有正苦交勉之無人，而甚至莫知嘆也。不厭自居，寄思非一日者，可默默已耶？女亦惟是過揣吾以人而不能近道。吾之為人，奚不曰其為人也，是天下不勝勞悴人也，亦天下至能恬愉人也。甘苦之境，人共歷之，獨其為之者，有無一可以自解之苦，亦無一可以徐奪之甘。得失之際，人各遭之，獨其為之者，有失則怯喩，雖以自容；得則百營無不可釋。當在昏昏悶悶之境乎，則憤憤似非猶夫人之憤。若天地萬物一時俱歸闇黷，而與世皆戚，忘吾食焉。及在融融朗朗之境乎則樂樂似非猶未人之樂若天地萬物一一俱還開霽而與世皆昌忘吾憂焉雖其若昭若昧之偶乘乎又似不止此生之情樂若天地萬物悉從煩冗除而與時猶瑕忘我老焉若曰是大也是老而有聞者也有聞則不應復憤語人而不能語其一生竭力之景界何足云也又曰是人也是老而無得者也無得又應可以自樂語人而不餘語其一生得力之景界何足云也猶癢雖面自知憂樂願以同人自樂面乎應聲此足云哉乎噫夫子雖不明指所憤所樂何在然訓其正而尋其本善悟者自得之矣

是代予路作對語匠人多將口氣忽過不知何解

子曰不知　賦也　趙開元

德非勇者所深進求之而材見矣蓋子以不知答武伯之問誠以德未優也而材則可知所由于其又問也而論及之乎且仁也者知至行盡不雜勇而裕如者也故存亡消息非可率參而遺大段毅無難肆應若夫素裕者僅外著之嚴明而必推求其淵默之地聖人于此亦惟以不輕相予者微示其意究無妨以顯相推者遠定其詣耳一說在武伯問于路仁矣昔子路之在聖門固所稱勇者也勇者也克己也克如克敵一敵仇族無滋偪驟然後能究理于孫國之區勇者之治私也當如治兵焉纖悉在户見隙然後能遊

于充實之境乎路其果幾于此乎審爾則由也信可謂之仁而不
徒以才見者矣獨是千乘之國可使有勇子路言其志矣武伯豈
不聞焉由其志之所及可以卜其諸之所臻而即其志之所存亦
可定其諸之未至且武伯亦知仁之難知乎中心之安尼難以共
喻故質可兼人即當躬負必其守本心之得失豈易相窺而日月
所至雖一間未達其微乎曰不知武伯可以優矣然天下之論人
品者必先觀于本原之地而材其末焉若也古先王寓兵于農要
皆坤武之屬以所布令曰不知則所以爲子路者洵不可知矣
品名流者雖難語于天德之剛而長材未嘗限也古大臣經方致

遠從盡舵兵之實績所推今日不知而所以為子路者又自

矣此武伯所以又問而夫子所以再告之也夫兵車既之則供給

既繁而悉索無方則度支雖從以千乘之賦而吏治之當此者蓋

難其人乃生聚有資藏富既形為不匱而轉輸多所軍需寧患其

或窮即賦極千乘而使之安治惟由也應乎其可要之德本甚微

故以不知者重其所予而材有可見故又以可使者顯以相推然

則非武伯之又問而子將豈遂不可知乎夫子路固勇者也仁則

吾不知也武伯可以曉然矣

應規入矩自竦容有奇氣詞鋒景煥倜儻不羣

似整是以致文氣不

子曰不降其志　二節　王鳴盛

以志與身論逸尊其著而闡其微焉夫不降不辱尚已惠連善學夷齊者故合論之且士生斯世可以百為獨其所自立者身志與（起要）身也古之人遇不同故品不同而心則無不同庸流耳食其著者既不能別白以定一尊而其微者幾何不盡失其真也歷志逸民以待聖斷則夷齊所遇為極難耳夷不窮餓則棄父之命齊不窮餓則翹父之過爭關天顯非一日之事而千古之爭也（清柔不支）敢不以其志其身為千古爭之一日食周粟於心不安一日履周土於心亦不安事繫國家非一人之事而天下之事也敢不以其志其身為

天下爭之甚乎不降不辱存此言于天壤殊覺懸而無薄而欲（先句）（衡縱交法）
求其人以寔之則絕無僅有不勝鄭重分明之意即令呼此兩人（唱歎與字）
之朽骨猶覺翾然欲生而誦成言以誅之則語長心重彌動蒼茫（之神）
憑弔之情遷異難心最苦品最幾此夫子論次之下特異其例也（一手旋定）
獨是以志與身論逸凡此諸人宜無不得此意以成其逸者乃至（烟斜露橫）
惠連而直曰降志辱身何歟以言乎志無論逸民之抗志遐高即
閭巷間小夫婦人之稍知自好者誰則甘於降子之謂惠連也蓋（妙解）
謂其降而不降者以言乎身無論逸民之東身圭璧即三代下畸
人儒上之好為名高者誰則甘於辱子之謂惠連也蓋謂其辱而

不辱者夷齊爲小諸侯而惠連直下儕獄吏浮夷之列直道難容微員三黜居喪致毀泣血三年縱去就有車而不遇君父之變則（環無端）非千古之事特一日之事耳一日之事修其言行焉足矣夷齊負大老名而惠連且周旋亡臣降虜之間東陵之纖行不能洗東夷之溷迹無所嫌縱潔身未能而不遇名節之重則非天下之事特一人之事耳一人之事中倫中慮焉可矣其斯而已矣何必學夷（神來）齊之窮餓以爲逸哉乃知夷齊不降不辱其著者也故尊之著則（飛出而上之龍）曷爲乎尊之悲其遇也弔其心也惠連以降爲不降以辱爲不辱其微者也故闡之微則曷爲乎內之諒其遇也揭其心也

思力識力筆力俱臻絕頂自〻作家老境　唐端士

少連事可見者少若柳下則孟氏固與伯夷並稱聖人因降志辱身句謂夫子判分優劣殊屬鈍置惠連以降辱為不降辱正以所遇不同各成其邈妙解入神　任純仁

爺書獨得驪珠而一種清蒼之氣堅挺之骨逼人眉宇雖使劉黃尙見之必曰此勁者我敵也　周特曦

子曰不

子曰不降其志　一節

壬申湖北　石鈞光

論逸民而首清聖獨自潔其志與身者也夫君子之志與身固非自潔而已而夷齊則不降不辱焉予所為念出處之故而穆然有感也曰天下之大亦何往而不可遂已事也而或謂天下之大竟

注未節作骨

無往而可遂已事也則亦自遂其事於己而已矣伊何人伊何人

奇情

德可為帝皇之佐而不欲厯于王擬其意量誠非三代以下之材也道可抗天人之窮而獨自信夫已想其風槩庶幾尚友百世可

中有我字在

遇乎所謂伯夷叔齊非與今夫夷齊同此天下以有志與身而實出乎天下自有其志與其身者也宇宙有不可辭之民物故一人

之志通于萬類而非在已所得私志如夷齊夫豈不拋其公者乃獨懷大道之同而蘊之於一已蘊於已而公者幾不可見也將使（按以義外得其）天下疑其志之私而有所不顧矣聖人有不可謝之經綸故一人（環中）之身統乎天地而非爾室所得隘身如夷齊夫豈不宅其大者乃自擴天民之量而欽之於當躬欽於躬而大者幾無可形也將使天下見其身之隘而有所不恤矣其志其身非世所得須也不降不辱惟已所自盟也是果何如之意量與天下隱見兩途君子常（處之例影下視）並衡於時命如彼之不降不辱卓卓如此也黃虞既沒雖湯武亦無成能詎非可止而不可仕者與是果何如之風槩與畢生去就

之際君子亦時妙其變通如彼之其志其身介々若此也反經為
權即天人且為飾說詎非可速而不可久者與彼將如天下何與
天下將如彼何與伯夷叔齊與

注末節命意手揮目送有遠勢而有遠神文更峻厲自成一子

子曰不　石

把器各成其是而不獲同其趨以志與身而不屑一世則衣冠之塗成正不獨在穢德之闕也彼易暴者已慚德于干戈勞師者亦怒顧于萑蒲若唯恐浼浼者而不得不望望然去之是故義士之嘗名不須而餓夫之朽骨猶儼致使百世之懦立頑廉振聞其風而不能不師其事夫然而夷齊竟以逸民終矣吁何其多否而少可也

義吐光芒詞成廉鍔　周浙之

不降其志　身矣

朱文楨

古賢以不降辱為逸、後人又不必以是見矣、夫必不降志辱身然
逸。千古止一夷齊矣、進想惠連其逸又豈以不降辱見哉、今夫緬
想孤標而忽動睪然高望之思斯亦不得執一途以概諸繼起者
（一氣渾成）
也、夫品概豈分升降而意趣自殊前之人莫與比隆後之人自成
降格豈果厚自貶損乎而卓絕之風規固衡量焉而不必皆于此
見也如逸民之自伯夷叔齊以至柳下惠少連歷歷如是吾夫
（落句題位已清）（便有筆法）
嘗論列之而先觀于志與身之間矣結想可通于凡念則寄託終
（提入却妙從題前做起）
不易窺習見浮游曾不執一意以孤行也而從方寸以力追崖岸

明鄭董非為絕粦梯之階涉足稍隣于衡俗則位置益真獨絕

此態依違聊且和光而混俗也而由世故而遠想潔清俯仰低佪

孰是居孤高之任不降其志不辱其身夫子懸此而言蓋難其人（出落神也）

（字面已到）而獨于伯夷叔齊不禁神傾也人往而風未徵西山片石留在人（與字內高瞻遠矚之神）

間而穆然動仰止之思者雖挺生中古還懸其品于三代之前代（與字）

拱而屈已移深穢一曲難為同調而悠然追歌絕之音者將俯視（寫解處傳出之想）

塵寰孰繼其徽于千載之後此夷齊之所以為逸也是則論斷有（舉頭天外白）

專屬以無偶者為偶孤情獨往兄弟自喻其苦甘而外此庸庸殊（雲紙）

不欲向萬古而特贈也則超前軼後原不予後人以致法之端而

（帆隨湘轉○望衡九面）

品評當遞及以無例者起例高風難再儕偶別具其性情則予懷

落落又何必望兩人而乞靈也故柔節和風曷嘗對前人有規撫

之迹使必以不降志辱身為逸何以處惠連哉乃夫子謂柳下惠

（意忘○儘○關○飛○動）

少連正不必以不降志辱身見也昔[illegible][illegible]叟當日已成曠代之感

（體○外○深○思○句○中○影○然）

後此而猶曰志在斯乎夫介道揚鑣豈邈首陽之介節而各成其

是亦絕不相蒙合證焉而判其徑者覺坦白之衷藏雖不降亦降

（巨○眼）

也而此志之不必盡同者惠連亦何妨隨流以揚波矣君臣父子

（筆○靈○絕○倫）

當日適際時會之窮後此而猶恐身何悔乎夾分門別戶非矯[illegible]

（予○只○向○由○字○看○出）

士之高風而則傚無從亦町畦各闢互鏡焉而殊其途者覺平易

降辱小山倒景之奇

之襟期雖不辱亦辱也而我身之不必相合者惠連亦何辭諸俗以同塵矣其志與身也不較夷齊為降辱哉要之夷齊之逸以下降辱而見兩人之著節千秋原非遵以先路惠連之逸不以降辱而見二子之品歸一是何必步其後塵觀于言行之中倫中慮此即惠連之所謂不降不辱也

上下融成一片而天情開朗逸思雕華風緊在黃樓風月笛中

耿莪疇師

兩截各開生面亦復水乳交融與字矣字靈神俱躍躍奮迅而出遥情孤韻邈焉寡儔　李酉谷

子曰不降其志　節　　乙未　　朱廷鴻　大羽

高其志與身以成其逸之至高者也夫人之至貴而可尚者與志也不降不辱夷齊所以成其逸之至高與昔我夫子道高而志亦境固而身亦不必尚夫高潔之行亦何取抗志厲行者而深致其想歎然當流俗卑靡遠邀風期則尤係心於激清風而垂梗慨者也故論次逸民於伯夷叔齊獨流連而慨慕曰以予生末世慨想古之仁聖賢人高其行誼以約畧其生平有人焉遠自期許激其志於凋（心藍云高老）谢之中不以世之蒙汙累吾之矜尚乃稱不降其志者高自位置脊其身於塵世之表不以吾之察察受物之汶汶如所稱不辱其身

東江試牘

者伊何人與其伯夷叔齊與今夫夷齊所處亦非盡汙世也繼新之化而興行其志且以奮鷹揚之烈亦[illegible]其志之少降者而夷齊不屑就也志存黃農虞夏之前而希冀目前之富貴則其志汙苟狥（藍云堅響）挽近之功名則其志靡故翹然自遠於世俗其志與日月爭光矣所遇亦非甚不偶也舉逸之典方殷出其身不難與旦奭之班又誰得詘其身之纍辱者而夷齊不屑為也身當子姬興廢之會苟無以植其節則此身無以列於人倫之內而反因以為利則此身何以立於天地之間故翛然自立而不滓其身亦與首陽終古矣（藍云對得諫）嗟乎遯跡孤（藍云[illegible]）竹之墟夫寧無所適歸也恥食鎬豐之粟又誰并為播棄也彼固有（波瀾老成）

獨○見○而○成○肥○遯○之○操○也○峻○節○孤○標○高○其○義○可○以○扶○常○而○翊○教○彼○又○有獨○得○而○成○憂○違○之○守○也○行○芳○志○潔○閒○其○風○足○以○廉○頑○而○立○懦○卓○哉○古○人殊○莫○以○尚○矣○雖○然○與○齊○以○不○降○不○辱○而○成○其○逸○之○高○亦○以○不○降○不○辱而成洪逸之品○豈吾夫子而必若是哉○

唱嘆得神○原評

亭亭表表○如龍門之桐○高百尺而無枝○藍獻其

入手神氣穩貼○已是作家中後則蘊藉風流矣○幽燕老將○三河少年○兼而有之○能推名士○李王鑑

[illegible]○機溢神旺○[illegible]○史丁[illegible]入體調○蔡阜叔

子曰不降其志　一節

壬申湖北　吳恢聲

聖人尚論逸民於志身之異者有餘思焉夫志也身也誰得降之辱之者而不降辱寔難子所為慕夷齊其人也曰商周而後不得志而獨吾其身者蓋不少矣然人於志與身之際亦各有見焉其一往潔清之志足深人概慕者伊何人也夫人所待命聖賢者志耳即高其志以俟時時可為而為之豈遂云降哉然而立志不侔者相時亦異苟非已所見為可為而遷就出焉而吾志已屈也志何如高也聖賢為人倚賴者身耳即潔其身以擇主主可事而事之豈猶為辱哉然而視身待重者擇君亦殊苟非已所見為可事

神遊象外

而苟且就之即浼身已多也身何如潔也卷舒亦達人之變入艱

風骨稜稜

貞之念而守之甚堅汚隆亦世運之常當特立之躬而持之甚峻

古然

夷伯夷叔齊與以彼辭命而辭之辭其屈我也友可與同志同志

三波三折跌宕風流

爲可矣而夷齊不果類不知如之何而乃展吾志也黃農虞夏是吾之褱世非黃農虞夏不欲求伸聊以免降耳若斯之崇其志者可多得哉以彼海濱而避之避其浼我也武可以致身致身爲可矣而夷齊不屑就不知如之何而始出吾身也固暴待清是吾絕白世仍以暴易暴何事求榮且以避辱耳若斯之愛其身者可槩見哉

起止如題一字不可增詖入後低徊唱嘆節短而韻彌長

子曰不　吳

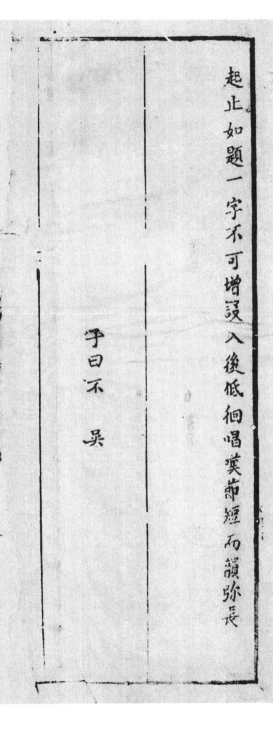

子曰不降其志　一節　　汪師韓

有高其志以全身者、斯冠乎逸民矣、夫志與身民所同、有不降且辱者、而其志高、其身全矣、伯夷叔齊蓋得夫子而名益彰、且士高于所守、宜無弗矯然嶠然而大異乎擢德搴性之叢者、乃依乎法以深其類、要必視其舉遠必至之志、而徑行高步、正己以戒身、斯其現瑋絕特、

頂上圓光

聖人將張之、故嘗表而出之、而曰吾歷觀乎古之仁

高抱靈守囊括一切

聖賢人而有以別白而定一尊也、古人抱潛天潛地之學、初非虛

身空手

而無所附著也、蓋行稱之不得、而察之不虛者焉、有睢然能覘

瞀然能聽者焉、考古者當存厥理之論、實徵之而美、舍則蘊乎志

遁積則傾乎身也古人耻不全不粹之詣所貴渾而無有疵累也

是當日遣想裁擬之神

若外相遏而中忮〻焉世相漸而容悔墨焉上論者當援難燒〻程篤求之而隆從替則志恐降緇變素則身懼辱也有不然者謂

闢題有雄力

哉我思人道之立無古與今而立人之道曰仁與義仁暴不同居

然上如有劍戟相磨之勢

暴及干〻乃干乃戈乃矛之用而軼分而若浼焉去之則志以正也為臣子身與為子弟身豈有二理哉志不辭地之避何必迹流于

二語括人千百妙以點宕出之

地身不計命之衰自足聲聞于天是得仁者也是不已丕〻而簡簡與義利不相得利至於有職有衛有國之坐而待收而如遺焉

峻筆高

棄之則志可則也為赤〻之身為懸〻之身豈不比美哉志不同

○其○大○無○○其○說○熟○

千億萬人則億萬之志失于志身不、于三千人則三千之身辱

其身是全義者也是不誠鍔、而列、與其志其身若此者其當

○自○晨○平○受○浮○往○

殷之末世周之盛德耶當文王與紂之時耶來從北海與日月爭

光陟彼西山引星辰而上稽其事覈其詩述其語烏乎夫曾有不

○蝸○浮○入○演○以○作○緒○

降其志不辱其身如伯夷叔齊者與風雨之動搖惟窮乃見奇志

○蕩○鋒○

於搖蕩試身于叩馬疑丁于窮者似凜乎不留實確乎不欲也動

○老○寄○ ○夷○齊○天○人○之○如○岳○鎮○地○演○浮○斗○大○有○蕩○

乎陰中而專貞在夷齊不啻吹壎吹篪分享宇宙之大名而能總

○浮○州○鼓○掌○文○定○貞○訓○大○虧○博○

虞之至聖無執乙乞其器控不易世不成名之剛柔悴之控搏昰

○時○手○不○能○為○

是乃完志不折于餓身不觸于兵固抵于老者其不疑其行自不

安其所也物不可窮而道長想當日獨有公信公達輩開千歲之積漆而鳥策篆書時前無隣可信吾說爲不激詭不抑抗之意吾歷觀于古之仁聖賢人而有以別白而定一尊也子之表夷齊云然自虞仲以下則均有論次焉

以峻潔鋒骨氣味沉雄意象高渾一切讓國浮辭爲之一空卻是此際神理逸氣相資奇功無迹　李存存鄉

半酣下衫袖拂拭龍脣琴古節盤生奇文蔚起　閔康風

遂無一語曾經人道奇正還相生有勇無前力何摯也　沈雨齋

字字百鍊有灝氣行之想見下筆時泉湧而山出　深構亭

子曰不降　三節　胡紹安

論列逸民而得逸之實焉夫逸民行事大都以志節爲上而其次亦致意于言行居處閒有子之論列益歎然已且古富貴而名磨滅不可勝紀惟倜儻非常之人稱焉雖然其人既逸似亦無得而稱者而千百載下猶追而述之以爲其如此其逸甚如彼其逸則往往因聖人之尚論而益彰也若所敘逸民諸人惟朱張弗可攷已其餘則子固嘗尚論之令夫生而泯泯死而沒沒無所豎立遂草木同腐已耶若其耿介拔俗之標慷慨出塵之想悠物外非苟而已蓋其操趣自別而人各有耦合而人爲一是蜀嘗我載而爾輸此即夙恭迭

緩而行本至高緣遠類以屬詞何異彼先而此後乎嘗稱之矣不降
志不辱身夷齊固逸之最上者乎而其惠連則不然可降可辱一
歸言行之中也斯以爲惠連已也若夫謂仲逸者則且以身將隱言
之無文然而中清中權殆即仲逸之逸矣絕不知數于所以成其志
藻其身言坊行式而潔身以行權者殺爲厲勵得致乎此也而彷彿
指其大槩以爲所逸者殆即在是且天生數子並不使之居于一時
而落落然散布度其神情已遥寄于逸之內也此子之所作望焉而
許者也初不計數于所以鳴我志立我身吐辭舉足而絕類以離倫
者幾焉推遷卒不改乎此也而數言核其行誼以爲所逸者固已盡

是且以教子生于當代，卻不由他途以見，而斷斷然自鳴彼其素隱，必不有餘于邊之外也。此子之所實指焉而定者也。黃虞而作嘗之，以終北海歸來，沒身無怨，惠能以坊表著中邦，連豈堪以讚歎式，異俗而自放形骸之外，若仙逸之所為，抑亦甚矣。空留此芳躅以振末俗，數子之遇，可不謂悲焉。清標絕世，志不可回，窮餓作歌，身不可屈，直道猶傳，御下之遠知禮，不愧慮憂之節，而趨乎廬墉之表。彼仲逸之所稱，亦不薄矣。繼觀務貴節以俟知音，數子然可不謂偉焉。

入下即意雖合

孰使吾夫子流連望古而不能自已哉，長也與。

本用總做，似入率菲，偏能讀題之勝，理處分斷處，言中言外匯匯。

裨致○無不纖毫畢露○原評

二節掘發四股似不及馬章民作局之妙然翰墨之氣如虹○自

非拙手可及○

不降其志 一節

丁卯 殷兆燕

論逸之至高者於商周之際得兩人焉夫志曰不降身曰不辱身

欲其辨爲降辱而必不能矣非夷齊曷克當此而無愧與鬱然曰

一縣日光中青上

夫人所以自處者亦何常之有哉而於无常之中猶樹一非常之

室中一壁

軌則雖其世有不同乎而其節已自此而奇其人已自此而遠矣

盡書贖覽夫升降榮辱之交黑揣夫在志持身之道而悠然遐想

提蘭貫而安

卽此論不降辱自非夷

焉一運會有何盛衰而命意殺高即不肯以平昔之襟期受戕氣韻

齊莫能

誰能其翕翕不羣者處叔季而竊祿者大都不在黃屋下也將毋

有何汚隆而振跡辟隱即不得以無稱之褰履裳始麾寒譜歟其

皎皎不污者際末流而遂弊白知不近在耳目間也且夫未易踞者志也最難完者身也以予所聞不嗜不辱養至高而其人卒不少概見豈天地間峻肅之氣固間世而一鍾與抑心觸芳則諸羅孤有未易遽爲展一指與是又不然則當棄之高尚之中而得之商周之際事以刻厲而成奇即哉抑之而尚居死上使其世值遼靡而委曲以行吾志亦誰謂其高情之有損而益固倜然遠也孰一見以臧猶是直使百世下之頑風都振大聖人之行事始懸絕知西山抗節豈不直等諸青雲而百折不回并不屑以賤餓之嫌塊邀卿典而封嫉荒墓夫亦誰得而裁抑之此輩色孤清之自矣

孝○忠

刻是一骨乃切

虎之冥之山然

不○倒○豈○一○草

是○不○傳

不○降○辱○辱

即物色之而何容廢修使其遲當汚下而通變以色其身亦[illegible]甚
其素行之有虧而巖岡邊焉絕也教古與以屬辛裁不啻三代上
是不屑
書屬鄉人六合內無非擘炭始知兆海瀉蹤清流不參一時漪西
是不屑畫類
孤芳獨賞并不顧夫舊時之同調與遺徽而挹此餘波夫亦諒[illegible]
隨出來了便爵神乎皇
而物色之真則所謂伯夷叔齊者非與之不驗不得論古者必求其
使彪之髮合畫出
至而其人未覩此格或時患其虛懸乃凄驅高騁怡有餘塑之遐
証則難半標杳隔殊動人以長言咏嘆之思或推或挽陵世者証
必從同而楨節不務位置早於焉而剔具夫瓌襮辨還寧有溢分
都有分寸
之揄揚不謂結缺發過偏子我以滿志躊躇之矣然失子所以論

不降其志

列逸民必以夷齊為稱首也然而難矣論語書法之精至此章極矣一用例語便與下三節一例即良截發二比急落末句下就夷齊實疏猶之例也且截發處固不宕槐帶夷齊亦肯可一味空演實疏處固不免旁敲典實又詎庸泛寫開之至與字神情離屬極口讚歎其實領下殊尚在末節不一照顧則為形龍就局稍微痕跡又覺節外生枝遊閒是題文殊少合作惟此吾乃無憾蔡芳三捻上二句于一與字中是前輩運實于虛妙訣神方綿邈令人懷古情深矣雲巖

子曰不降其志　一節　施養浩　靜波

不降不辱、逸之一奇也、夫夷齊亦猶是志與身耳、而乃有所！不辱不辱者、斯非逸之一奇歟、嘗思唐虞禪夏后殷周繼其間聖賢豪傑、大抵皆翊贊左右、即一二不臣之士、亦未嘗不歸命而作賓、乃有矯矯之志、湫湫之身、毅然百折不回、而重以死殉、如伯夷叔齊其人者、洵乎千古君臣之誼、獨標一格者矣、而由所論者逸民例亦乎、乃爲揚其梗槩曰、人亦知伯夷叔齊之所以爲逸民乎哉、將謂其志在逸也、則遜國之跡、固足與卞務躋肩、而扣馬之聲（按而廿言字寺言聲）、亦幾令巢由洗耳、斯以知襟趣之孤、自成激越、而匪獨關乎父命天倫稍謂其身為民也則北海歸思既羞與殷頑為伍而西山肥遯寧甘與周矛同遺亦可知鬚眉之役別有扶持而死不屑于與朝亡國嗟乎人于天地必有興立此志不滅何患無身故辱莫辱乎降志而辱身總之如伯夷叔齊其生平具在也吾憐其節而操其人殆所謂不降其志不辱其身者非與凡人不當死生榮辱之交而戀者安分志與身亦克自保焉所不可及者夷齊獨為其難耳當日雲龍風虎蓋屬時賢不得謂兄弟之外無同志而被髮鼓琴亦要逋客不得謂首陽之外無容身假令易地以處當亦不乏含垢而包羞胡竟確乎其不易也蓋至皆隱抱無窮之恥而哀

曾待天下之清其所為不降不辱者亦太甚矣天下亦有慷慨激昂之事而匹夫慕義降與辱何處不見焉所不易知者夷齊尤處其甚爾當日式閭封墓遺老獨未表孫忠殆所以曲成其志而簞食壺漿空山絶不邀餘瀝所以善全其身又豈必視死如歸始足快其積仁而潔行乃覺傑然如不終日也蓋至片石亦無聊之托跡而採薇皆有憾之餘生其所為不降不辱者良非偶矣是故以志與身而獨有千古則黃農虞夏正難必諸時命之衰也夫仕未必如舜禹得友必若皐夔否則皆其降辱者而不得不介介以持之故日月匪托以爭光而草木願歸于同腐殊覺當日之陳蹟

拒器各成其是而不獲同其趨以志與身而不偕一世則衣冠之陰（岩清節始終有蹇）康正不獨在械德之關也彼易恭者已衛德于干戈勞師者亦淵顧于筐篚若唯恐浼浼者而不得不望望然去之是故義士之嘉名不須而餓夫之朽骨猶價致使百世之懦立頑廉祇聞其風而不能不飾其事夫然而夷齊竟以逸民終矣吁何其多否而少可也。

義出先正詞成康錢周新之

子曰不降　三節（下論）　馬世俊

子曰不降　三節　馬世俊

論次逸民。可以意為斷也。蓋以逸民之事。而斷于聖人之心。則有可得而絜以觀者。或齊而下。不較然足述哉。且論人者。如徒攬其大致。而不為之揆勢度情。考衷辨道。則將何以自處于斯人之中。而遡其源流乎。抑將何以自處于斯人之後。而審所趨舍乎。（暗動未摘）如或齊諸子既已著逸民之稱矣。其行事不必深考。要皆韜纓紱以寄懷。度山河以卜室。則意者古義自好。脫畧物情。介性孤行。鄙夷衆智。其大概有然也。（本逸民賦）然。夫子各舉其人而論斷之矣。春秋之時。諸公子志在得國。即如子臧季札之事。亦有疑其矯激太甚。而遠于人情者。若夫兄弟夫門據跡西山。伊何人哉。夫神農虞夏之云徂也。非氣運之衰也。厥志先下

也父子君臣之階厲也非家國之恥也我躬不閱也彼悲憫行吟而
（是六降）天子不能蟊慷慨一諫而左右不敢矣（先不辱）是何命意遐高而樹執虞
子至于世溷濁以日非悵風流之永墜乃遙思而企仰之曰若人
者始伯夷叔齊歟蓋長言嗟歎風人之義也撰文起例良史之裁也（歟歎字）（起謂字）
天一之不為夷齊者多矣抑天下之不為夷齊而仍等于夷齊之逸
者又多矣夫子于是有此類之辭焉有節取之法焉有表微之心焉（所寺）
其此類者何也展禽舊族也少連夷裔也仲雍聖嗣也夷逸則無傳
（句根太史公合傳之妙）也自夫子謂之而後人始知惠連一類也仲逸一類也其節取者何
也俛仰流俗視夷齊為稍貶爾箴樂禮文視惠連為稍恣爾自夫子（降志辱身矣）（隱居放言）
謂之而後人始知降志辱身之何取也隱居放言之有取也其表歟

不降其志　三節

歲試福州府學一等二名　倪元寬

歷論逸民之品得聖人而名益彰矣蓋伯夷叔齊諸人逸之名同要未嘗不各成其為逸也子即其品而歷論之逸民不益彰哉且自遺世有同心論者幾疑古人之行誼如出一轍矣而豈知孤芳自賞未嘗不各持己見以著其趨向之殊蓋攷蹤跡之所留姓氏均堪不朽而論心源之各出品量要極難齊士君子望古遥集有可深觀而得其槩者正無容執一格以相繩也今夫懷芳履德自有其幽光而砥行立名志趨原難以强合即如夷齊諸在逸民之中豈無各成所以為逸者哉矢志本孤高君子寧恐

因宜集　光　下論

此態故當夫烟霞成性舉凡立心制行無以踈畧而不經何克使壹意孤行而昭質無虧名得其練要婷脩之素褆躬尚次介各有其定評歟即其韜光匿采舉凡接物持巧泛使機宜之而緬彼清風亮節覺素心共証難沒其高蹈遠引之懷則試即逸之名而遞論之夷即逸之品而分觀之亦所謂聖之清者非伯夷叔齊乎抗志在黄農以上久歎與古為徒終身甘薇蕨之窮僅博首陽一餓是其志其身誠有可表見者夫人各有志而脂韋者辜逢人各有身而畀污者自屈以觀夷齊何其不降不辱如是也蓋

○三○巧○往○語○得○新○涵○不○斷○沖○妙○

夷齊之志與身固已倜乎遠矣若柳下惠少連則有不然者和光

可挹。未必凜塗炭於衣冠。喪禮歸婣。未聞嚴毅色於視聽。降志辱身。蓋惠連所不免矣。而特念樞機所在。依然有物而有恒。坊表皆宜。更覺寡尤而寡悔。維言維行。其中倫中慮有如斯者。彼夫虞仲夷逸。則又與惠連有相懸殊者。斷髮文身。勢必言夸而行肆。銷毅匿跡。不聞行舉而言揚。隱居放言。恭不必中倫而中慮矣。而特以窮居不損。知予情之信芳。姓氏莫彰。雖遯世而不悔。身也廢也。其中清中權有若此者。凡此皆逸之所以成其為逸者也。雖豆之之既渺。縱有流風餘韻。祇以聽後世之或短或長。而要其本吉不沒也。故不必懦立頑廉。早欲感潔清而生其慕。不必矯輕警惰自若酌語默而訂其經生三代以下之世想三代以上之人使必欲責備而求全當亦夷齊諸人所無如何也里居姓字之久湮有徙訓前徽祇以悲斯人之為優為絀而要其立直自不苟小揔情自抒懷抱古音立志儕身前君子名山不愧嘉言懿行後君子廊廟非夸既恨古人不見我亦恨我不見古人而浚為虛聲之純盜則又夷齊諸人所大不屑也蓋其能潛蹤屏迹出石隱之倫而志潔行芳早叶幽人貞吉之數人者固所謂有可有不可者也而我則異甚

春雲展宕姿趣橫生味其遙情逸韻正復興會不淺

不降其　倪

子曰不降其志　一節

壬申湖北　徐必達

聖人論商逸志與身有獨異焉蓋不降而始成夷齊之志不辱而始成夷齊之身非逸民之尤異者與魯論敘列逸民而首述夫子之論斷也若曰人必有自信不惑之素而後可以一意孤行斯其人生乎無兩岐祇求得其為我而遂以獨成其是我思逸民數子莫不各成其為志而獨有其志甚高不與流俗為伍即所志稍異而亦不苟同焉則不降者乎莫不各成其為身而獨有其身甚潔不與鄉人為偶即立身稍異而遂不屑就焉則不辱者乎所稱伯夷叔齊殆其人與不以非君而降心以事不以非友而降心以友

龍門之桐百尺無枝

得□

依垂乎為注細緯鑒不爽

所以抗其志者居何等也夫以君友之不可屈也而其嚴如此則天下果無足以降其志者矣不以惡色辱吾目不以惡聲辱吾耳所以養其身者居何等也夫以聲色之不可雜也而其辨如此則天下果無足以辱其身者矣是以處世故而不降辱者其微處人倫而不降辱者其大一尊父命一重天倫求其心之所安雖以千乘祿之弗視也斯其所以為百世之師與遇衰世而不降辱者其易遇興朝而不降辱者其難遠在黃農近在虞夏行其道之所信雖以舉世非之不顧也斯亦可以為萬世之標準與夫子之論斷如此

□成房書選

不降其志　四節

曾國維

尚論古人、知逸非聖人意也、夫夷齊諸賢、祗各自成其為逸耳、何必同、聖如孔子、則異也、乃其所以大也、嘗謂古處其難期矣、得一二立意較然。義不苟合者。謂足以風天下也。然考其遺事。誌其生平。節槩高矣。守泰絜矣。而以（言下聽其）大聖人撥之。則正有所不必也。我夫子居恒抱道。鬱〻無形試。嘗論次古人。而因以自明其意云。彼夷齊諸人。果何如者哉。〻時不我與。飄然遠引。有以逸為逸者。有不以逸為逸者。以民而逸。以君而亦逸。以賤而逸。以賢公子貴胄而亦逸。其志其身。其言其行。其隱而自放、之、道。與我夫子同類而齊觀焉。度量相越為何如（抑揚有休）（安）也。然〻風槩日著。聲稱久遠。若而人者。又曷可少哉。以余所聞朱張

義至惜行事大少既見夫子不具論閒嘗過首陽故址吊孤竹之
遺風低徊留之不能去因慨然想見其為人而可信者惟志一守者
惟身不降不辱子蓋於夷齊有餘慕焉雖然觀人不一法惠與連志
在同時身存致主無何而有願不遂與世浮沉降也辱也似與夷齊
殊趣乃志宜於言行出於身中倫中慮彼不過自循其常世亦無知
之者而惠連且得以逸稱至若虞仲夷逸又何為者歟故國之蔽容
而好為放誕之辭以謝人聽聞其於倫慮也何居然夫夫也謂身隱
矣焉用文夫安往而不得其為我者庸何傷若清若權我知其必有
合也推此道也豈惟無愧惠連雖與夷齊爭光可也夫子有懷俯仰
之下不禁感慨係之矣謂遙遙千古而夷齊諸君子落落焉孤行其

志於兩間，逸則逸矣，是未免有可不可之見存也。洵乎人各有志，不

然強也。我也既無意世之思，并無徇世之迹，行藏能自主乎，亦寧必

飢一以成名，我也稽之于古，而來合者質之于心，肖之于心，而雖安

語有身分

者信之于道，顯晦能自決乎，又奚必好行其所是，憲異矣，異也，即其

語清高雅

所以大也，天下後世而有聞焉，齊諸人之所以逸者，夫亦可以與矣。

天下後世而有知孔子之所以異者，夫更可以思矣。

題作淋漓感慨易耳，文似不屑為，獨於稱量多少斟酌虛實處見

章法介眉

子曰不降　一節　張廷宏

志與身之不屈論之而有餘慕矣夫夷齊不過自成其志與身而不降不辱巍乎其獨絶也予故首逸民而先論之曰人既孤行千古有志不能自白有身不能自顯已不顧世之人過其地而弔之又安望後之人原其隱而高之哉然而有超世之行必有不沒之（高識）實尚論之餘不禁繆然其際矣今夫人之志豈必因逸而勵人之身豈必因逸而成哉然當熙朝之運分義各安則行我所是爲甚易値世運之更人心莫挽將易彼所非而甚難以予觀商周之際（傾出合口氣）固勵志潔身之士升降榮辱之大機也求所爲不降不辱者舍伯

夷叔齊將而與歸彼豈猶夫人之志也哉登彼西山迹雖晦欽然
黄農作歌獨伸千古忠孝之志彼豈猶夫人之身也哉采其薇蕨
命即衰與然斯須未死尚為商朝社稷之身高其身於虞夏商周
以下八比真奔
川所云句有千鈞字有百鍊之金
之上天子不得而臣諸侯不得而友兄及弟矣開千古弟讓之風
警絕
倬雲漢而耿日星可顯質於六七王而無愧者此志也誰得而降
之立其身於興亡得喪之先爵祿不得而浼式表不得而污伯兮
叔兮行萬世莫屈之義堅不磷而白不緇可遥愧夫八百國而彌
潔者此身也孰得而辱之故勿謂遜國以前身白而志隱也同此
身亦同此志兩人各行其是兄先弟後始焉蹈北海而無徒天不

以身串志

已無不共諒其隱衷之所在亦勿謂叩馬以後志顯而身幽也共此志則共此身兩人不謀而合兄行弟踵繼焉甘窮餓而不悔天

以志串身

下亦無不洞悉其蹤跡之留遺迴墨胎之遺蹟於生前干戈數語

精切

志固早信於鷹揚之尚父絕封墓之餘榮於死後史編無紀身亦素諒於執競之周王當吾世而幸遇其人溯游以從敢云化其志

與字神情畢露

而易其身但清風高節不至使我曠懷於首陽之巔而欣羨無從當吾世而有繼其後上下議論亦可勸厥志而勵厥身則流風餘韻不至使我神馳於孤竹之墟而繫懷彌篤今者夷齊往矣緬彼芳徽如見清修之卓絕挹茲峻操更深考古之悲歌何使我慨慕

若斯也。凡茲逸民。皆弗及矣。

察切奧齊。勘發雄偉。沉健力能扛鼎。胸中固別具鑪錘。塗澤者

安得精彩乃爾。

不降其志 三句

一月課寧德縣學一等一名 陳子傳

不稍卻其志與身逸之最高者也夫人既逸矣則其志其身似未可知也不降不辱高風不足千古哉且人抱一意以孤行則其志良可悲其身良可憫矣胡甘心自全者有志而不自悲有身而不自憫也且匪惟不悲不憫而已若固其大得其志大遂其身則吾於其大得大遂之餘轉不能忘情於其志其身矣何則古今將寄此生之去就何常而至不容屈者志也故任流俗之波靡而卓爾秉懸諸古往今來之際天壤實賴焉耳此日之出處何而最不可褻者身也故聽時命之亨屯而皎皎清操特振於高

每地之中是所謂不降其志不辱其身者非耶人情之相與也
一□之際條爲溺乎治則其志靡矯乎其外則其志激靡與
乘均不得謂之不降不降者所為憑（循論）乎我也率其天之本然
以行其志之自然紛華靡麗不能移也鼎鑊刀鋸亦不能震蓋其
徙來於胸中者良有必如是而始為其志而稍有不如是即不得
為其志者則惟日月可與爭光也已世故之周旋也我躬之汙潔
視之輕與之就則其身比力與之排則其身勞比與勞交待究不
得謂之不辱不辱者初無與於人也本其性之固然以行其身之
當然功名富貴非所計也利害死生並非所知蓋其纏綿於厥躬

者誠有必如是而如彼其身而稍有不如是竟不得成其身者則惟江漢可與比潔也已是非（取下句之彩真是天風吹下）傷時會之靡靡而故以獨立之操作中流之砥柱也蓋出於其志者然也引而彌上黃農跡可懷乎而亦何在非黃農得其志斯已耳迄於今世歷千年形骸隔於風雨而其志尚可思溯高致於荒郊猶若躋我於太清之表亦未憤物態之汶汶而矯以傲倪之槩挽末流於萬一也蓋本於其身者然[illegible]守然不滓叔季雖可嫉乎而亦何咎乎叔季遂其身斯已耳迄於、非昔不就聘以河而其身終不朽緬遺踪於廣漠不晉我於泮落之間乃知志帥乎身志不撓也身寧可玷身衛乎

才彛可笑也志寧可洄伊何人哉
盧次鷰天風日一每濤是謂文與題稱

不降其　陳

神法天節 字亦特之点睛注末句

○○○子曰不降 三節 依原評点

福建趙太宗師歲考永定學二名鄭珏

逸有各成其槩者聖人取而論斷之焉夫逸之人不同而所以成其逸者亦各別也觀于夷齊之不降辱惠連仲逸之各有所中諸人之有意于逸者得夫子之論定而益彰云今夫吾人置身天壤當以卧廬不拘者則勵六生平奚必矯激自矜高不求聞達之名哉乃古之人往有沉淪于野散佚于朝遯跡于荒烟絕域中者君子論列其事未嘗不傷其意之苦而録其守之貞也余嘗與懷往哲睠念景徽禹皋稷契相与都俞帝廷分其間多于為脊力王家創古聖賢嶇與斲皆矢志立鄉卓然有為於天而聲律身度在於稽于人間未聞以逸稱者有之自夷齊惠連仲逸始雖然窮有慮世有混跡儕伍與世浮沉者考其

陶益是　瓦　反振全文勢　跌宕貫接

誹崩

不足取也烈其身、不足惜也及聞其言與行言與行又不足重也甚

至為當代所見弃斯世之所擯悲而托于遂次自文其貽訓者此、

焉彩噫嘻與西大雅安而豈可抹耶吾夫子感懷身世追叙遺踪不禁畧

然思穆然慨而深為之論列也曰夫人所以卓然振拔足以取重于天

下者大之矣君志與身次則莫如言與行第人各有志而不降者誰人

各有身而不辱者誰間嘗緬想孤竹之芳躅遙望西山之爽氣有天子

不得而臣諸侯不得而友者所云伯夷叔齊者是耶非耶假令二子者

少屈其身志不克自表其清操何难坐擁千乘之尊安享南面之貴哉

至何而兄弟克遜採薇而食其持身立志有潔然不滓者雖與日月爭

光可也說者謂夷齊者商之忠臣周之義士也讀易暴之歌然貴農之一

從夷齊過到柳下惠又生出一段波瀾

看得好

又從惠連遞到仲逸如無縫天衣

浚而甘心窮餓其逸固多足怪者至若柳下惠東魯之名賢也和易近人何難顯其身遂其志以有為而乃為降為辱困抑下僚者其謂之何要之其降与辱也非有心于降辱也亦惟小官不卑袒裼勿浼蓋嘗有輕世肆志甚但其言行則卓卓可紀觀其搞齋師也若等則恐小人則否務人以以藉其言以為福至若直道事人守正不阿其与和光混俗行奸而偽者大相逕庭觀于惠而連可知矣惜也其言其行不聞以布堂籍之而僅以史闕棄之也雖然惠連非不欲燦耀其言行以為邦国之先特以上之君相之所目以居士師之位履東夷之區各看其中倫中慮焉則已矣未視虞仲夷逸潛身晦跡放言自廢者相較為何如耶始不具論獨計虞仲者賢侯之后裔也當太王欲立季歷傳以至于時

畧得好

令泰伯去而仲㕥遜則國然以次反疑為仲之所有而太王之志終不遂故託為採藥竄跡要荒以成父之志体父之義雖以於為而史清中叔其意亦不可泯若東逸事蹟弟未深考將毋同乎宜夫子終辱表著之也嗟乎首陽片土僅晉荒墟登郲下之鼉而冥人已杳他如東夷荊蠻相去甚遠諸人之逸皆為有意不能不折衷乎我夫子

趙太宗師原評

氣体從史遷列傳來或散或整忽斷忽續極行文之樂事令觀者應接不暇

子曰不患　全章

雍正癸卯山西元墨　杜首巍

君子學求在我、審所患于人己之間而已、夫人不己知、失在人耳、己不知人、其失不誠在己乎、夫子故欲專于用患者審之也、曰吾觀人情、無事肯學人而薄己也、而獨此知人鏡物之學、徙〻學于責人而薄于自責、評知古之聖賢、學問深沉、非不足以樹群倫之望、乃惟恐一物稍蔽、不獲出而與天下相知、見其皇然深憂之衷、夫豈有專于此而不遑及于彼者也、蓋嘗思之、淡世無稱、君子引以為恥、故日取當世之毀譽識評、為借鑒而籍〻聲華、未必不關我躬之損益、然市名邀譽、儒者不以居心、唯日懸在我之觀於

說人情必然處打入上下實為一埋

重下句

以凡上句

深一步作觀托

而此轉換一氣

下句亦露

○深○一○步

察理為砥礪而區區閒望曾何與于一己之是非若是乎人不已

上句頓住　亦潤澤高

知之不足患也明矣第曰德修謗至而淡漠將之猶屬慰解之私

射吊下患不知人創是上句正面

夫吾生進修之地當別有難釋之隱苟不察其輕重而徒憫人世

之多慝是人無甄別之特見我為之易地以徬徨也甚覺其無謂

也第曰道高和寡而度外置之猶嫌意氣之激夫人生憂患之餘

當別有難已之端苟不審其緩急而徒冀庸流之無識使人或反

又變換得好

是以相諭我不知將何以自解也又甚覺其難安也夫人不已知

過接得頓挫語度極從容

人自安于冒昧也絕不知借我為考鑒之資然人不已知我寔難

亦先襯一筆遙接向裏界

以自諉也安可不借借為從違之準勿謂邪正莫辨流品遂下此

混淆也夫觀人相士之術每視一心之明惑以為用古大儒檢甄

先主撮本　自然推出云

功深早已養吻念于精明由是鑑别所照而權衡自爾不爽不然

隱微尚持疑似之見而欲以惘惘者與斯世争得失則流品之混

患字寫得深透

淆猶在後而心思之寡昧寔在先也此念何時可自懲耶勿謂淑

慝莫分群倫遂由此倒置也夫類族辯物之哲每視[illegible]學之淺深

為己豈夫是如此

以為最[illegible]大儒研極有素早已涵本髓于虛靈内果藻鑑所至而

轉折無一筆不疎暢

品題于以悉當不然中藏尚多失敍之處而欲以情[illegible]者與斯人

照股頭亦有法

别賢否則群倫之倒置者猶屬末而神明之疑誤者寔在本也此

念何日自寬耶一患不知人益患其所以不知人者而已矣乃知儒

學自可流光。君子終不以流俗之愛憎貽精神旁騖之擾而觀

即以窮理君子歟。不殫寤寐之（幾變不無字）憂勞盡遂窮責寡之學患之不可

誤用蓋如是夫

不患人不己知　知聖人示人多矣然各有頭項不得張冠李戴如

對求為可知是為己本面事患其不能是從人不己知寔盡何

知之寔亦為己本面事惟此以己不知人對人不知己似知人

為患尚屬外面若不勘破格物窮理見性明心疑于方人為事

與為己之學不見鞭辟入無矣但既到格物窮理之盡人到面

前何患不知歟此患字最深至知得人之是非邪正有裨于我

尚是後一層非渠人教人本旨也其所以對人不己知說者以已有實學固不必患已無實學尤屬務外之患須知不患之先已有格物窮理見性明心之事惶惧胸中刻刻不放自然不暇患人非徒教之擺脫名譽也元卷見得極真寫得極透而氣度從容文情酬遣宜其領袖群英

子曰不患　節　　山東　張塤

學務其寔審所患以揣用世之原焉盖位必有以稱其位而知必有以副其知也人可不審所患哉夫子示人以務寔之學也曰富貴而擅一時名譽而動當代此人情之所欲而今古之所同也然未可無道而致此矣世之用（善擬名貴）我不可無因我之應也不可無具則遂而求之有倖啟於入世之心者準以恒情盖其難也如位與知二者豈非士人所不可無雖然難言矣（刻畫盡之）（逸不收）居恒志在得君輒感思乎未遇乃責之以事而漫無可往者能言之士多能行之士少也吾欲見之行事而不徒託之空言患將如何矣居恒志酬知已名欲自竟于聖賢為考之以修而漫無足當者務外之士多務實之士少也吾欲修明遂旬

而不敢自附都患又知何矣」乃世竟有患無位」患莫已知者」好
可靡之念日涉而日無饜足之時孰知夫遺大投艱當世之榮我者
皆其所以責我也而何暇患此也即所歌而見天人匡居而接衡泌
然身隱約不足以移易其生平但覺蕭然自樂焉已矣則不患無之
也」誰聞動衆之願愈久而愈悵欣羨之思孰知夫寔至穀寵當世之
舉我者亦將有以試我也而何暇患此也即德修而謗興道高而毀
至窮年考道不足以盡動其心但見窮辭自失焉已矣則不患莫
已知也」乃其所以不患又豈不學無能者之所可託哉夫無慕乎外
而知又有得乎中於不足以取乎當世學乎足以發明古今無所疑
長之數可見于此矣而始於淡泊寧靜之說以自文其固陋此知

朝廷之所輕而當世士之所公稱也是故有所以主焉淡其心于功
之外而後可以建其功息其心于事之中而後可以圖厥事工廣求
之當事艱焉而君子以道德相維持則自主之本也豈復有干進之
嫌歆有為可知者焉道無汙隆之本則貴寡無工拙逢世則愚學問
文章處一二窮焉而儒者以躬行相砥礪則內求之定也生復計盛名
之集歆而以功已至而君相不睠業已就而朋友不傳君子唯深其
純責之意而怨尤不必生于中則專而不務所以持名位之究功行
至而據位太高業未就而得名太遠君子雖視為不幸之遭而遇衆
不以隳其志則勤而能必所以持名位之後親得親失何去何從收
有能辨之者

飛仙稜具

上論

貪位遊名不法自悞見〻禍世鄙夫具臣貪位之禍歷代比〻

好名之禍如東晉自過江以後人〻自謂名士崇曰望而略事

豈非不求可知之患哉似此深識至〻可謂有關世教矣

不患

張塤

戈

子曰不患　全章

雍正癸卯山西　葉思蔭

聖人欲人審所患、知人亦所以爲己也、夫人不己知、于己何患、己不知人、患寧在人乎、此夫子欲人審所患也、曰爲學而常有慊然不足之心、君子恒樂予之、謂此即闇然爲己之機也、乃徐察之、而慊然者祇以供知希之感、爲己之謂何、而是非邪正、茫然莫辨也、其慊然者良亦誤矣、而不見夫今之學者、獨居深念、悄乎其若憂皆乃其若有憂乎、即而窺之、蓋亦有患也、何患乎爾、患乎悠悠斯世而索知己一人之不得也、噫、此則患人之不己知者、夫知己皆必我先知其爲何如人、而後引爲知己耶、抑但稱知己、而不必而

其為誰何之人也知不必知其為誰何之人將所謂已知之人又說上句
跌下句奇，激昂異常
乎邪乎曰不知其非乎曰不知則亦已不知之人而竟為知已
病起亦為與留
正抽出句何說上句若諸
之人也則亦何貴乎已不知之知哉且君子之知人也不必究
若重
為知之之人也而已知者獨非人乎如其人而正也是也是正道
只知人處熱
之君子而吾遺之所視為則也此而不知其何以為觀望之藉也
其人而邪也非也是險僻之小人而吾身之所引以為戒也此而
不知得毋流為比匪之傷也故善用其患者患不在人而在己而
又總繳上句以逼下句來字
善為己患者又不在己而在人已即有正而無邪也此亦祇堪自
豁何傒乎人知若人之邪正辨之不可不明也豈以別流品哉吾

高大〇闊〇切〇是〇
生平之學術將視若人而以為從違也烏得不患焉已果有是而
無非也吁亦人所共信而何患人不知若人之是作則知之不可
下患字亦竟
患字是非竟
不悉也豈但昭法戒哉吾屋漏之糾虔將藉若人而愈嚴指視也
可患孰甚焉吁吾所以為天下之學者切示之曰不患人之不已
知患不知人也
患人不已知正是不知人癢痛不患人不已知正是患不知人
根由人卻重諸下句患字此翻翻重上句不患字眼高于頂矣
至其提筆直走曲折紆廻幾如雲之隨風泉之觸石自成紋縠
妙有股法寓于其中非一味放縱者可比先輩惟周萊峯也

善性。然祗從蘇氏父子中出。乎尤變化千端。不得以一家言名之。真覺前賢畏後生矣。作要曲曲折折。意到筆隨。一切[illegible]與為洗盡。故是雋才。

子曰不　葉思蓀

子曰不患　人也　　顧三典

人己之間有所不患而患生矣夫人不己知人自過耳然則不知人之過安歸乎是故患不在彼而在此且吾人之學其以為己而非為人也明矣顧有迹似於為己而其所營營者初無與於己迹似於為人而其所汲汲者初無與於人則用心宜急審焉今夫人不己知失在人也己不知人失在己也苟出自旁觀之論勢不能偏有所護也然人亦安見為不己知從己見也己亦安見為不知人從人見也各自有當爲之情勢又將交相為責也自我而言斷斷乎有所不患有所患也蓋嘗以損益之數權之人之不己知宜

闇情别致

詞更灵通

或在已本無可知也已方緣以自厲（妙甚）為未必無益否則已固可以不愧矣其又奚損矣第思人之不已知者使倖而知之於人不稍（不知人之患即在人身上指点出来）稍益乎今日者恐在上則失一共功名之人在下則失一共學問之人也易地以觀而此生同心同德之助坐失者何窮矣又嘗以（更妙）是非之理衡之人之不已知也或視已誠不足知也彼方自謂能知人為不可謂非否則人自當徐引咎矣已乃錫是矣第思人之不已知者使偶一知之於人不幾幾是乎今日者恐在上則咎其選舉之不公在下則咎其交遊之園擇也反是以觀而此生耳聞目見之餘免咎者安在矣且人之不知人者禁嘗中於患不已知

已愛名也即有人為已市名已害譽也即有人為已邀譽常感憤

似有感之言擇交者當銘座右

無聊之際得一人而亟自慰藉有不暇問其生平者矣迨其交既深即欲遠之而不得而一二真號同心者亦且指為生平之累念及此即輕受一人知不敢也而敢患也哉抑從來能知人者必不識莫已知其為匪人也必不肯自附於其人知其為端人也必不肯自外於其人當流品雜陳之時變一鑑而不爽毫髮有共嘆

入西與到

以為如神者矣迨同志有人即欲自晦而不得而一二與我異趨者亦服之於所與之朋念及此即輕相知一人而不敢也而微心患也哉學者其審諸

第二冊　卷六

子曰可也　者也　尹文澤

子曰可也　者也

尹文澤

嘉賢者之能守而更勗以所未至焉夫卓然於貧富之中猶非超然於貧富之外樂與好禮僅可者視此何如哉且學問之大端徵於境遇苟能獨立於其際其詣力自此難量矣頎因境制欲志定下所見未融隨境觀我心泰而所入皆得此中淺深之故往往逕（上下無含分明）庭焉要未易為局外者言也無諂無驕若而人賜遂謂處貧富之極則予造物之位置何常苟協以各安之性命而意氣皆平乃堅（函蓋大方）確自守者反藉磨礪於豊約不齊之境則以作砥柱於中流其清操亦何可盡沒也吾人之功候難誣每不假有心之矜激而意量

迥殊乃卓立不搖者偏獨矜氣節於磊落自喜之餘試相與徵緣乎性分則委懷殊覺猶淺也且夫志固（雲垂山立）以力持而堅而學又以深造而廣嫉世遞之如鶩而孤潔鳴高洵有可以拔俗者第恐無所贍餼而徒自激昂將貧賤得以驕人而神明且滋其不恬則是技（可也未若寔際發揮透露）求之情猶可強去而憤激之意反多未化矣鄙嗇寵之滅義而退讓明謙誠有可以風世者第恐外躡所快而內無可欣將憑與從此索然而防檢違覺其自苦則是揚托乎溫恭之度者心若下而強入於範圍之中者事甚勞矣夫亦知有樂與好禮者乎豈必借（樂字真銓）貧逃非病之說以強為排遣哉內裕之精神既圓百憂不得而傷

之。故天雖薄以生人之趣而義理悅心總不改其衛御自適之致
蓋惟其坦蕩者素也斯不言無諂而諂自無者耳豈必循既富方
含蓄悠然
穀之訓以習於節文哉從心之規矩自協百物不得而蕩之故天
好禮言餘
雖處以崇高之地而威儀定命自日安其斯須不去之常蓋惟其
藏寫者微也斯不言無驕而驕自無者耳彼僅可者視此何若也
上下收束圓密
涵養恒基於裹葆世情未破豈易觀夫昭曠之原孰持難語於渾
忘大閑不違尚須深其性天之趣人而徒爭異於流俗也如賜言
足矣否則學問中未若之境其相引者何窮哉
機法縝密局度安詳京江以後此為嗣音

子曰可也未若者也

丙子山東　左潁發

許賢者之自守、而忘乎境者進矣、夫能守者不淄于貧富而樂與好禮則相與忘之、誠未必、豈將以僅可者自域乎哉、且夫人詣力所至不相假借者也。境遇適然之事而貞吾守而不累于物與宗吾性而不見有物二者皆原本于學問之意而意量逈殊矣情不可以強同品以進而益上吾于子無諂無驕之間而忽爲邀之我生本淡然耳有貧富而因以有諂驕天人消長之幾其必不自諂驕始矣而力持其幾者固嚴于與爭戰勝之權與中自寂然耳有諂驕而後矯以無諂無驕存亡出入之端其亦不借貧富間矣則自勵其脩者正宜于以觀造物之大是故紛披以順逆之迹而各有以自全能盡泯乎甲亢之形而確乎其不拔無諂無驕此意非流俗所與知也以為可則誠可也而出其力以與境爭離境交豈覺難特貞其節以與境遇當境亦若無憑無諂無驕此意亦非旦莫所能化也不就有未若者在耶此天境遇靡常守者之所以多勞也因應有本然者之所以能安也於戚皆性命之故原不與物為緣淡泊寧靜之中有真樂焉遂諸皆備之體而無所于加何所于損所以靖後起之紛紜而歸諸淡漠者此也懿好本性情之真原不與境俱盡齊莊中正之天有真好焉止乎定命之符而無所

于豢何所于奪所以貞一已之神明而泯其放逸者然也樂也好
禮也斯可以處貧富矣而以視無諂無驕若耶否耶夫以相反而
見雖貧難在樂富雖在好禮故分觀之而可以得其情無欲而天
常泰樂非委心有主而物不攖（發聲〇警〇細）禮非救過人方子子于貧富中而
亟歛自白然直以樂好與禮者率性而行而貧有以為貧富有以
爲富也則隕穫充詘之習奚煩力矯其神也哉机以相借而觀化
樂不期貧而適與貧偕好禮不期富而適與富偕故常順應為而
無所膠于迹抱一以貞素位依然自得詡萬而動天理流其節文（節〇處〇而〇行）
人方兢兢于貧富中而可幸無過然直以樂與好禮者行所無事

而貧已不復見貧富已不復見富也則守義安命之思寧復矜持于內也哉夫吾人終身一貧富遞環之境也聖賢于此始未嘗不以全力注之而後乃漸幾于忘蓋功候所徵不可强矣賜試思樂與好禮古今來處貧富者不實有若而人乎慎勿以得半自足也

輕靈瀉宕揮洒自如有行乎不得不行止乎不得不止之妙

子曰可也　左

子曰可也　　丙子山東　申士秀

許其守而勿奪其進、不欲其以守自足也、蓋道原無可足、如安於可所豈知更有所未若乎、子故既許之而復進之、與且天下已至之詣大都非可止之詣也、而處境亦然故雖其所已至者誠卓絕流叢而有餘而究其見為有餘者又未嘗不或形其不足此聖人所樂為引之使觀于無窮也無諂無驕此豈無得於學而能如是哉夫子曰持境者學之甚而忘境者學之化也從不學人之自命也以立品為高持境者之所由立而即無窮之學問所由關脫受轉於境而無以自振隨波逐流中其無與於學問之數

也明矣由賜之言觀之其流以斂其志尊之權柳而制之不使
謡驕乘間而竊發固而守猶恐謟驕積久而忽呈夫庸碌争人
利豪傑爭人心雖當風氣之靡乃矯矯自好者絕不同今儕俗殆
知光明正大之概猶存吾黨也則洵乎其可也以實堅氣骨以富
表讓沖是寶富之移人也有力而吾之持之者更有力不如是何
以疏狂於中流也哉然而吾儒之造道也以極樂為貴忘境者深
之所由極而亦積素之學問所由成脫力注乎境而無以自安則
勉強強持之然其足以繼學問之淺也又明矣由賜之言進之其
識趣以邀其神淡以定有得之於先者而樂與好禮原非相假以

# 子曰可也未若　者也

李作楫

貞于遇者知所守、聖人欲為廣其志、為夫無諂無驕、不以貧富累其心者也、而猶有貧富之見存焉、進之以樂與好禮、豈僅以可自安哉、今夫吾人以身入世、微特心為境役也、即以心制境而非有曠然自得之天、坐永其如（筆力矯然）分各足之趣、境亦恒足為心累、蓋時地之豈約入其中而力持之、孰若遊其外而順受之、從性情、寤寐之、地、靜驗其意象之所存、夫乃嘆度量之相越甚遠也、無諂無驕賜、將謂處貧富之道始此乎、抑將謂處貧富之道盡此乎、世境遞有参差、約吾心于因任推遷之餘、而後神定者情亦不流、即此及身

閱歷而念〻力制其所遂知必有毅然不渝者為吾身高志節之

安頓可也輕重得宜順旨已得

防頽外緣無可凝滯擴其見于天人順遂之外爲在性融者情不可化當夫與時推移而念〻靜叩其自得知必有淡然相忘者爲徑寸表天君之泰如賜所云是耿介之操也是冲虛之志也以視夫流俗靡〻窮則思濫逸則思淫者誠憂〻乎其難之亦奚不可

立身顯上倚声而講義蘊俱從夾縫中推勘而出

者然而猶有進志士之立心原不甘受人憐而空山歌嘯時以鳴其傲岸不平之意淺見者第高其迹而有識者仍陋其心彼其欝〻難道之懷早默中于夙夜則雖生平不少下人而縈心于得喪窮通之感者已挾激昂時命之氣以俱流端人之自勵莫不務為

欽抑而虛懷善下競自抒其特達不羈之概識者競市其義而深心者卑薄其行彼其沾沾自喜之為輒相傾以名譽則雖和易自可宜人而漸為游俠放蕩之風者早偕踰越準繩之行以自露若是乎貧非無諂之難而樂之難富非無驕之難而好禮之難其（扶猶靜細）大彰明較著矣且情屢其遷則多所困必謂衡門泌水吾生平棲托恒于斯是樂反因貧而生情亦嫌于矯矣夫猶是貧也而蕭然環堵之中獨抱此天人不愧者與為俯仰推其自喻之机幾不知（貧而樂富而好礼景象確能說得出來）詩書琴瑟而外吾身尚留邁軸而意量何弗浩浩也彼若節能貞烏知此際之恬適哉情屢其逸則多所縱必謂恬侈滅義古

今來世扌直于斯是禮專爲富而設情亦患其薄矣夫猶是富也妙義來徑拈出而百福繁昌之人兩自有斯須不去者與爲維持推其獨摯之思若不知性情陶淑而外何物更足忻人而意趣何弗融了也彼歟而抱首句抑自矢者又烏知此際之雅抱哉未若貧而樂富而好禮者也入此心于境中惟果確者無難遊吾心于境外必安敦者乃化賜可以知所進矣

闗中學問題每難得超妙之境文之慘淡經營極爲闘筍接縫而氣靜筆超彌覺渾脫應是山左名流　春臺

子曰可也未若　者也

丙子山東　李作楫

貞于遇者知所守聖人歆為廣其志焉夫無諂無驕不以貧富累其心者也而猶有貧富之見存焉進之以樂與好禮豈僅以可自安哉今夫吾人以身入世徒恃心為境役也即以心制境而非有曠然自得之天坐乘其如分各足之趣境亦恆足為心累蓋時地之豐約入其中而力持之孰若遊其外而順受之從性情寤寐之地靜驗其意象之所存夫乃嘆度量之相越甚遠也無諂無驕將謂處貧富之道始然乎抑將謂處貧富之道盡然乎以吾思之世境遞有參差約吾心于因任推遷之餘而後神定者情亦不流

即狀及身閱歷而念念力制其所逆知必有毅然不渝者為吾身
高志節之防預外緣無可淡泮擯其見于天人順逆之外為在性
融者情不可化當大與時推移而念念靜叩其自得知必有淡然
相忘者為緞寸長天君各泰如賜所云是耿介之操也是沖虛之
志也以視夫流俗靡靡窮則思濫逸則思淫者識忌忌乎其離之
亦奚不可者然而猶有往志士之立心原不甘受人憐而空山歌
嘯時以鳴其傲岸不平之意淺見者薄為其流而有識者仍陋其
心彼其鬱鬱難道之懷早默中于風夜則雖生平不必下人亦淡
心于得喪窮通之感者已挾激昂時命之氣以偶泚端人之自勵

矣不務為欲抑而虛懷善下競自矜其特達不羈之概鄙識者競
市其義而深心者畢薄其行彼其治之自喜之為輒相傾以名譽
則雖和易自可宜人而漸為游俠放蕩之風者畢儕踰越準繩之
行以自露若是乎貧非無諂之難而樂之難富非無驕之難而以
禮之難其大彰明較著矣且情處其逆則多所用必謂衡門淡亦
翻剝六智
吾生乎棲托恆于斯是樂不因貧而非情亦附于驕矣夫猶是貧
也而蕭然環堵之中獨抱此天人不愧者與為俯仰撫其自愉之
机幾不知詩書琴瑟而外吾身尚淌薖軸而貲量何兆浩浩也彼
昔荷蓧貞者又烏知此際之悟適哉情處其逸則多所縱必謂恬

修滅義古今世族恒乎所是禮與爲富而設情亦患其薄矣夫挽是富也而百簡驚爲之會獨自有斯須不忘者與爲維持排其獨聲之思若衣被性情陶淑而外何物更足忻人而意趣何郁融融也彼欲者自失者反爲然除之雅抱幾未若貧而樂富而好禮者也入其心于境中推果確者無難證吾心于境外必安徵者乃化嫣可以知所進矣

心精意果窮斷燭微向中有句味外有味黄雀樓前笑語玉

峯頂梅花鮮開其聲而吸其液者幾人

子曰可也　李

子曰可也　者也　李梅冬

聖人示賢者之進境，予之而旋以勵之焉。夫許之以可，似矣，然尚有樂與好禮者在，非貧富中更進一境哉。且吾人之御境也，固不可無自信之心矣，然可自信其心於處境，轉恐不能隨境而自見其心也。不堅其守，則恐返觀而無內照之明；未忘所操，又恐苟安而蹈自畫之失。夫惟許其所已至，而即進以所未至，顯判其境之分際，而其實詣固莫掩也。無諂無驕，處貧富者固可無此得力之一候哉。人雖積數年之學力，返之己而或茫然無所得。賜而固已有守若是矣，賜殆閱歷乎貧富之場，而親嘗有得也。人果以一旦

華鍊舉鍛古奧典雅

知題輕鬆

新科墨選　丙子山陳　芸草堂

旦之頓悟。故見除而且恍然有所遇。賜而止於有守。如是矣。賜將

神遊象外識踞題巔

刻苦於貧富之中。而服膺弗失也。子曰可也。今夫人苟無一定之

幾凌空發議足制立論之勝

孫安見世途之盡非。使驕語以所未見而不堅其所素見。其必有

自息於中。而頹然以廢者。是必破其自疑之心。而使之信。殆如身

親其境。而盡悉其甘苦之所經。而人一有自封之心。安知化裁之

有本。使但予以所已能。而不示其所未能。其毋乃心有所膠。而難

以復用乎。故必奪其自足之見而鼓之。前斯覺惶然難安。而內愧

其所謟之未至。夫不有貧而樂。富而好禮者乎。彼可以無謟無驕

者。未若此之超然遠也。大抵天下事入其中不如出乎其外者之

為高今有一途於此衆方循循以自域而苟有一端乎其上者踏之則居高而見愈遠其識之所綜直有以徹其原流之所分而優（絕從空際盤旋而顯之神髓畢現）優焉自無所事拘牽之苦天下事拘於形不如忘乎其迹者之為化今有一物於此人皆規規以自守而苟有一入乎其神者視之則迹化化而心益摯其情之所鍾直有以契其精微之所在而浩焉初不見有官骸之存節節如猶是貧也而天機洋溢欣然而自得（數得活）彼養高之儒有此真趣乎猶是富也而秩叙所關嗜之而不厭彼持盈之士有此寔修乎或身所遇而以心制之或心所遡而以身（收束緊練）安之共此身心而矜持猶滯渾化為神或情多而未能協乎性或

性定而謡以陶吾情同此性情而勉強猶艱自然為遣樂與好禮賜而不聞此言賜不耳終自以為可而謂人莫已若哉

眼高于頂力大于身寔者虛之詈者詳之於百千廣場中固能出奇制勝百發百中之技也

子曰可也　者也　　呂夢卜

處境之學無窮許之因以進之焉夫無諂無驕此亦學之一進境也抑知貧富中復有樂與好禮者乎予故以可也許之以未若進之今夫處境之累有二歉則污盈則肆有志者力為矯之斯亦吾黨所樂為稱者矣然而力為矯或未能渾而忘勉於所已至之途而未至之途猶虛懸而有待則去歉而神未極於恬戒盈而躬未（屈曲能旋思深力至）協於度入順與逆之兩途別無特設之學以行乎其中此心々未能脫然而無所累乎以無諂無驕論貧富乎境不平則多阻庸々萬華日逐於豐嗇之內而卑者自屈矜者自恣則憂方大也有能

振厲而力拔於其中則捐俗情之所不能捐自守俗情之所不能（華力抵功）
守而志節之所持不苟養不遂則不純一得自喜概欲位置於古
人之列而其操已戚其天未和則所造淺也惟夫優遊而漸臻于
渾化則入乎榮悴之中亦出乎榮悴之外而意量之所托已深故
貧易諂而玆獨無諂富易驕而玆獨無驕矯然自好是亦加人一
等也而貧即戒諂其情未暢富即戒驕其致未深修途靡竟是又（飄然雲表）
有待乎參觀者也孰是貧而厲節以鳴高哉古有貧而樂者恒予
人以獨往之思也方其窮巷幽居而況味之深偏寓于困屯之際
而草木無情樂寄於詩山水無心樂通于易嘯歌自得夫亦安往

而不詭乎彼無謟者非憒則苦而百憂且得而攻物情且待而援
即戰勝有權究何與于純粹之歸孰是富而降心以諧俗哉古有
富而好禮者恒深以景行之慕也方其百產所萃而自然之度莫
踰于豐厚之日而行（造○詣○行○雅○）有筠而松有心禮以體性圓應規而方應矩
禮以養安節文自中矣亦安從而或弛乎彼無驕者非忌則侈而
出入不免其逸奪倫或失其度即長厚自居終何與於安敦之域
（安○詳○容○與○耐○以○平○以○暇○）
矣名理之所獲未可恃也學問之所至未可足也哉已趨乎偏衆
而氣節不以概中和之倫吾以無謟自恃而樂之緒絕矣吾以無
驕自恃而好禮之機塞矣自謂得當而歸而不知歷其粗未獲其

精則貧富中之僻道無多志已凝于貞固而拘墟無以安淡定之
天無諂是以盡貧乎而樂者總彌永矣無驕足以盡富乎而好禮
（並安多編矣）
者行自適矣乃謂盈量而返而不知得其半未獲其全則貧富中
之徑途未闢賜也其于可也未若之間一權衡之而高下倏然自
與然矣

以健筆運其精思如天馬行空不受人間覊勒

○子曰可也　謂與

江蘇崔學院歲覆　丹陽縣學四名　湯登泗

即處境以示進機、而會心者觀其深矣、夫樂與好禮、非由可而精進之、終弗若也、而賜乃于斯有會心也、載咏篇章、當何如自勉乎、（衍○肯○）且學人固無在不相深于進境也、得半而遺全、品以參觀見絀、（不着痕迹、眉○目）循序而詣極、理以觸緒可通、一去夫自足之見、而凡吾學之引而相深者、（自清、渾○成）惟鮮人為能領之、貧無諂、富無驕、賜殆謂如此已足乎、而夫子則更有以謂之矣、（大○方）人情當艱苦有得之會、而驟斥其前事之菲無足取、則意索而進境反迷、惟摟其分際以相推、徽許功能之半、（沈○思○靜○領○咏○會）至而得力之處正可見、氣候之分明、人情當得意自鳴之際而曲（入○微）

褒其所造之進無復加則機關而修途轉隘惟奪其矜情以祖引明揭詣力之猶虧而遂企之餘正難特目前之慰藉此夫子所為許以可而亟以未若者勵之乎不更有貧而樂富而好禮者乎今夫品節以砥礪而始峻而天機未洽安得素位之皆恬也意氣以涵養而乃純而矜守過嚴終覺拘牽之未化也古之人茹草終身袗衣固有無入不得何事矜持賜向者寧料貧富中猶有此境哉而意遂爽然其若失情復窅然其有思功候固動而多連特患學者自豐其蔀乃躊躇滿志而忽逢意外之歡形則返躬靜驗頓增一他人我先之嘆正不識半生攻苦其間之良而不前如此類者

清出上截

筆情疎越

應節赴會

中間著此二比縱擒縱旋吸取題

隨氣韻度態俱佳

當復發何境也因不禁還念故我而作沉吟之態思理實靈而善
變特恐學者自拘于墟乃躑躅半途而忽空意中之止象則憑虛
（精妙絕倫）
曲會轉若有當前即是之機正不識昔年肄業凡理之入而益深
（得）
如此類者何不求甚解也因不禁游神象外而得會悟之真獨貧
（勢）
富也歟哉詩咏之矣曰如切如磋如琢如磨礱錯深而瑕纇乃能
盡滌則醇疵參半難比粹容者之全體俱瑩試歷繪勤修之寤寐
（理到法隨）
而素履之僅見為可者殆猶存膚末也渣滓淨而懿美乃以日彰
（重規疊矩）
則窮力追新敢同粗畧者之一間未達試曲纂深造之情形而至
請之終無弗若者必倫歷辛勤也其斯之謂與是由貧富而以類
考卷新裁初……人道堂

考卷新裁初□　　　久道草廬

運法最密而出筆極大方　收束完整

相推之境也而子貢深遠矣蓋論進境于貧富之中則空萬感以保性真不必矜介節之聊堪免俗悟進境于貧富之外則環妙義而發深微因遂覺學修之自有全功然則子固善引賜亦善悟哉

息心靜氣將會題情字裏行間俱有捲纏要紱之致耐人恬吟客味。章意重在進境無窮意可也未若夫子特就處貧富示以進境予貢之對恍悟一切學問工夫皆有進境有此一悟則其敏异刻勵自有往不得之勢如此方合註中義理無窮雖有得焉未可自足之旨若徒作觸類感通話頭殊不着痛癢并混入下節告往知來句甲裏惟作者體認獨清　宋銀燊

子曰可也　謂與

福建司學院科考取
入連城縣學一名　黃金琰

以為可而猶有進也。知不獨處境然已。夫處境而但求其可。即何知更有未若哉。

子貢曰。淇澳之詩。實獲我心矣。蓋凡物常止於其所足（練意精融）。而道每引人於其所有餘。此雖處境者亦未有越此已。子貢論貧富而沾沾於無諂無驕。豈以天下皆諂驕者。而遂以是為處境之絕詣乎哉。夫無諂則但愈於諂者爾。無驕則但愈於驕者爾。君子之進德也（暗伏切磋琢磨恰是可也未若精理）。其粗者亦不遺於彊立自好之功。而詣其精則猶以為已粗也。即其精者亦借資於僥焉自守之力。而精之至。即并忘其已精也。蓋離纔與好徵者猶自覘歉然（翻進一層說出精益求精）。而況無諂無驕乎哉。今夫百工伎藝之徒

日夜致精乎物。切焉而磋。琢焉而磨。凡以為境無止極。故功弗終窮

云爾今而曰可也。夫安知可若不御。有不可若者。則夫安知未若者不

猶有未若者耶。功苦於自識。析其理乃覺析之。不勝析也。境苦於相

啟。出。磋。琢。磨。統。是。可。也。未。若。精。理。又。若。是。未。句。神。

蒙。徹其蔽乃覺徹之。如未徹也。旨哉未若之說也。宛然以凡為未若

氣。縮。上。得。

者。纖纖於子貢之前。而與之吟研不盡也已矣。淇澳之詩。即子貢又

未。句。另。神。

烏知何以及之也哉。夫學則安有窮也。而人之所見則胡可拘也。

短小精悍。一氣橫九州　王若霖

兩節鎔作一片。純是精氣團結。運掉點次。超變絕迹

子曰可也未若　者也

丙子山東　張思式

聖人論無諂驕之詣所以勉賢者深矣夫樂與好禮必自無諂驕基之而當其未至則不可同日語也可也未若子殆有尊望與且貧富者紙礪道德之具也當有餘不足之處而道力可徵亦既堪爲愨藉顧猶不勉于刻厲之迹則天机之在我者反以與物相務而執持未化故其可以自慰者（清新）第其可以爲始基者也如賜言無諂無驕是其于貧富之際蓋不勝兢兢焉夫坱亦學問所托始也學者之患莫大乎高言微密之脩而薄境遇爲粗迹夫貧與富正學脩之實境也因貧富而得諂驕則悔吝之端生困諂驕而得無

諂無驕則不疚之志得所以治其日用者麗于事亦切于心不徒酬酢相交之迹學者之患莫大乎麗談神化之諸而輕擾守為易能夫無諂無驕正得力之大端也始為借貧富以相試而嘆處境之難繼為即諂驕以自考而幸設心之異所以貞其素履者外不失人內不失己庶幾窮達各得之矣子曰可也典國學問所托始（行雲）也獨是貧富之途學士失其脩為神聖于以怡情而寓道也古之（流水遏雲自然）人環堵蕭然而弦歌弗輟于御肖鏞赫若而矩矱自飭其躬貧富中國有樂與好禮之人也試以無諂無驕者擬之無諂者自謂不貧也謙得以富驕之頑寂寞蕭條之餘于世何求而感慨悲歌一

子曰可也未若　者也（論語）　張思式

若有所感于天地則慾尤之生未必不在傲岸獨立時也無驕者自謂非富也亦豈樂人謫之乃席豐履厚之場不敢自寬而手足宮骸反若無以狀其朝夕則嗜好之微久已不在制節謹度中也蓋無諂之情因貧而生而樂不因貧不因貧者即貧而在樂之所以忘乎貧也無驕之情因富而起而好禮不因富不因富者即富而見好禮之所以忘乎富也以不忘乎貧富者視忘乎貧富者若乎未若乎夫西鄉禴祭而薦愉神知其馨香不知其隱約也魚麗逸樂而憂勤飲豈年洽禮益羨其萬物之盈多也古之人所以用比貧富者大矣賜也蓋進其已能之迹而相覗于造化之大乎

文從字順勘題亦細大是可人

予曰可也　張

子曰片言可 一章

丁榜 蔡寅斗

取信於人者深不期乎心者素也夫片言折獄何其神也而子獨

以許子路者亦信之於平日耳試即其無宿諾以思折獄之可其

以是夫且天下一積誠相感之區也誠至則明生而自操乎物之

片語居要

所不得遁故以薾然帛布之士而信其有馭世服物之能者無他

道潔

兩然而入全神自動

焉自命較然不欺有素也不然聖門子路未嘗以才辨稱鉤察著

也而子獨許之曰片言可以折獄何居其在易曰無敢折獄蓋重

之也又曰明慎用刑而不留獄明乎折之之難也但曰片言而已

將所謂悉其聰明而致其忠愛者道固若是畧乎今即以才辨鉤

（目下偏不用朶顏神情紫涯下筆體嚴之六也殺門）

察者廢此引繩墨切事情及覆鍛鍊猶懼其未也而彼也不勝其營致之術此乃取必於指顧之間片語作投而物情立剖緊操何道而神明若此蓋人情不甚相遠也（機落之處俱佳）無以服之則嚣然爭有以信之則帖然靜人之服子路者在子路之片言而人之所以信子路者仍視乎出片言之子路（精細穿眼）謂子路之折獄爲不可知維子路之生乎則大可信矣子路素爲忠信明決人也（老筆）其天真其學正其氣剛而慮僞不形其識定而游移不作試問其與人言也（原評自佳）曾有宿諾焉否即此以忍情意耽耽可常可變信誓旦旦勿二勿三而無一息之欺人者人自不忍欺之慎斯道也以往雖以之孚豚魚貫金石

可也況祗此兩造之交質於訟庭者乎此所解誠至則明生而非
匿匿矜才辨逞銳察者所可同年語也雖折獄之說夫子亦祗為
題許而厭後治蒲城盟邾子誠感民生信乎嚮國豈妄也哉

人整我散人繁我簡格韻高脫其於古也薰習深矣　張葯齋先生

不屑屑於鉤環連絡純以神行與古為徒文成而法立　金壺達

首節從空而下不落邊際次節用逆挽書法之妙不可言傳一
語粘滯去而萬里矣文之妙亦全在不即不離間　殷會侯

俯仰揖讓大一公得意之作　紀鶴嵐

子曰先之　無倦　王景暄

政有不可不自盡者亦身之爲無盡而已蓋先勞在心不在事也蓋之以無倦仍貞之以心而已詎謂先勞可易盡乎嘗謂政也者有尊于天下之識有大乎天下之力有及乎天下之量者也何則天下有自我計之而天下不知所自始也自我成之而天下不知所自出也有自我貞之而天下不知所自終也則政可得言已子路問政有求觀民先觀我者矣一曰先之帝王不尚明作之功明作者易盡之力也夫先不在動之以情而在裕之以氣也氣足以勝之雖從容而得意也氣不足以勝之則雖振奮而得緩也惟氣養乎至足則居其理于最始而不予也人以有餘之功一曰勞之帝王不尚殫瘁之能殫瘁者可量之功也夫

勞亦不煩任之以力而在據之以心也心克以至之雖優游而得動也
心不克以至之雖竭蹶而得怠也惟單心以靡遺則立其規于不易
不[illegible]子孫以勤劬之事苟如是亦足矣而何子路不已也子曰洵不
可已也夫理一事者貴有千百事之識以定之而道不憂其難繼先之
者與日終始為與月終始為遷之又久而無斁終之慮道之所以永貞
也允治一者貴有千百世之量以周之而道不患其易盡勞之者但
憂不遑昧爽不遑暇整乎千安而無更張之慮淺之所以有終也無
倦云者非益之先勞而加勵哉蓋政無于勵翼之圖在服之以無斁政
微夫康豫之漸在持之以有恆誰謂先勞不足以盡政乎
若說先勞便是無倦使子路不請益安知先勞中有如許微義先勞

## 先之勞之　無倦

毛師灝

以身率民極之無倦而已益矣蓋一言先勞而政盡矣尚何益也不申之曰無倦亦非有益于先勞外也田可思已開之為政不在多言顧力行何如耳古來可大可久之模總于一人端其極而以此始亦以此終則夫撥治本者訓諸民以德迪斯世以行而正不必求多乎前功也如子路問政是已夫政貴有恒尚矣倡化者其惟君身乎神聖經綸動闢氣運故一日之計基之百年而經營憔（神聖倚俊）淡以成之者道要貞于亦也帝王治略必按本原故屢省之下首動維幾而恪恭震動以持之者恩慈中于慮也吾觀古之王者聚

西陰文奉

精會神日昃不遑一若惟恐或後而不自暇逸者則誠以先勞之是亟而非虞為此摩摩之是豈因循就簡粉飾太平致天下或有不知[illegible]古清光綱[illegible]議其蹤略之弊乎哉然尚有可諉曰略則識言其蓋者治纔一端可盡則當因略以加詳詎知能取不如能精而營情太遠此一日議論識者懼其幾幾乎有中斷之患焉然尚有可慮曰疎則謂言其蓋者治道非茂嘗可止則當致審以防疎所以有作要于者成而命意過高此一時志氣識者知其隱隱乎有不振之象焉且夫朝課功而久奏績三代之政無是也旦暮之所為而不能要諸異日亦非久安長治之策也為政者于此其將求益于先勞之內

乎仰將加益于先勞之外乎第中之曰無倦而政已盡矣而政已不必益矣蓋挾精銳之氣者能持已然而不能持其將然聖人防汲汲人心張弛開闔而風力衰頹不能鼓舞振作奮發之非為天下憚其規模正為才人鍊其器識也夫惟純一常一之道在躁慮而總無假故舊新之態則純王之治别無有高于此者矣將是厲往之才者知有大業而不知有小心聖人憂之非為圖治小年世之長實為立政法意慕之實也夫惟乾乾業業作其精神功別無增益繼長之功則王道之全更無有精于此者矣以是為勞而民猶未應令有不行者未之有也嗟乎此無倦一言寔古帝王久道化成之效也請益云乎哉

堅瘦敵甕玖諧申之
文明以健風骨之力果瑞乎
辭而精之然後廟如也幽思絢道德摛藻掞天旋此事須推巨
筆則新之

福州徐太尊
季考擬作　方樹謨

程政於身而教養有其原矣蓋君身者政之本也先之勞之而民
行民事有不舉者乎且王者為萬民立命則必使當世競勸於為
（開門見山）
善之途而各敦其務本之業故訓行是急以坊天下之俗也率作
（細意熨帖）
有經以策閭閻之氣也然未出而與斯世觀厥成先入而與我躬
圖厥始則孝弟農桑之化寔有倡自朝廷者而大猷為有本矣子
問政夫政固興民行而舉民事者也三物六行上之範民者甚周
（軒然而來）
乃月吉懸書睹象魏而神不怵者此非盡民之梗也天子歆得良
（聲調典朗）
百姓以為治百姓亦願得聖天子以為君藻火赤明胡不皇自敬

德哉畫井分疆上之謀民者甚至乃土膏方動望霊雨而耜猶懸
者此非盡民之惰也百姓有力而天子為之謀天子有力而百姓（披鴟黼騎欽段）
亦為之謀三時不害胡不盱其無逸哉敵為政者未嘗遽求之民
也先之勞之政在是矣天下大美之端智者見先愚者見後挾神（所謂先之之非教之）
聖文武之姿不能獨闢一程以作萬方之表率維彼小人其烏能
前驅以往也夫司徒以命契邦教以擾民古帝王亦豈不籌乎民（渾浩流轉乗高興學）
行然克諧著範始求五教之敷敬勝丕模乃布六官之職亦可知
廸德之無藉文詞矣懋深宮之夙夜而鞶規飭矩不待遒人狗路
之時斯畢雨箕風共翼頌維皇之有極天下艱鉅之數賢者任勞（所謂勞）

之○非○務○之
愚者任逸負智勇天錫之具弗克自殫其力以鼓萬姓之才能○維
彼編氓其安肯竭蹶而趨也夫欽若以授時分田以制產古帝王
扎〻○實〻○用○不○着○制○習○語
非甚留心於民事然康衢命駕始聞擊壤之歌月令三推乃飭神
倉之籍亦可知課功之不閑詰誡矣勤耋斂之時延而省斂省耕
一○片○
不但命官循行之典斯西成東作悉如傳我后之神明一蓋愚賤有
斷筆正為合筆○作勢
何學問惟視大君之學問以與為步趨夫平日辟雍有地鐘鼓有
器司徒樂正有官而嵩〻者祇見遴造則迁之見移郊移遂則又
見○幾○皆○喬○發○雄○峰○尽○藏○揭
褒之矣一旦望闕廷之上天子英明亦且身操乎慈孝友恭之詣
乃知此事之大可為也生當堯舜之朝自邇名教則俯仰何以為

心敢不後塵是步亦哉草野每憚精勤惟視元后之精勤以與為
緊對先字
勉赴夫平日井廬有葉耕耨有時保介田畯有教而熙熙之倡值
大氣盤旋
有年則會天值水潦旱乾則又罪歲矣一旦覩咫尺之光天王至
一收一折
貴尚且身履乎隴畝阡陌之間乃知此事之不可緩也民間身家
深透特甚
緊對勞字
之務外煩族黨則清夜亦有愧顏況其日累吾君也哉是則薰君
師以率物而主德既修王業維懋斯一人作覩可進而協喜起之
賡否教養以綏猷而民心既古民用常舒斯六字同風可出而慶
從欲之治吾頤為政者毋遠求之民也
氣体近王鄉渾而情粹過之貴九冊
有尾

縟采高騫氣体英詞正非腸肥腦滿者可以讚如來而頌其瓔髮漫亦屬一班也淂不急為愛賞○刺先字摹勞字劃之字文一字不可增遂使題四字不可減劉升臬

先之勞

先之勞之　無倦　　吳大坤以載

爲勇行者圖全治、永持焉而無餘事矣、夫先勞、實圖治之全也、宰
必留無倦以爲益地哉、由唯永持其先勞也可、且有全神而後有
（語語扼要）（字字透宗）
全治、則治法與治心固相爲終始者也、蓋惟握其要于整躬率物
之餘、斯即振其神于懋修永圖之內、儒生志願雖奢、要使任事者
（簡括）（清老）
不貴多事、喜事者克貞其事、爾旦由問政亦知政也者、倡之一人
持之、百世者也、上理不爲清淨、必屏一切以養尊恐宥密之地、先
馳精意也、鴻綱細目、端貫握要以圖而可久可大、早黙定宵衣旰
食之神明、聖神自有經綸、必降至尊以攬務、恐叢脞之虞或妨元

於經書新御纂（琢○礪○一○碧○如○寒○潭○浸○月）論語
氣必存化宣猷惟在持原而往而勿怠勿荒實隱括臨馭堂皇之
總秘然則予第告由以先勞也豈無意哉建極者歸極之準聯氣
務時俱無可恃而惟策精勤于夙夜乃能統庶績而顯植其模夫
（風○見○當○求○新）
本繹一傳勢戲一振沿而襲之亦治體也古王本身加民事々必
（風○光○細○膩）
[illegible]諸躬親有覺德行端本不弛髦年無逸作所憂勤猶延奕禩立
民[illegible]彌修民事以豈旦夕苟安也乎則約其摭而彙典謨誓誥之
精即百年必世之關可綿而足一觀我者觀物之本才畧幹濟非盡
可無要在植標準于厥躬乃能倡羣倫而胥協于治夫明堂教孝
元日躬耕奉而行之猶故事耳古王慎修思永時々勿懈其心存

自謂先路已導而身教之神早淵自恃民勞我任而圖艱之念已隳動時幾而謀久遠此豈一時補救也乎則執其要而守必易必簡之規即十世百世之量早裕其基蓋一言先勞而無倦之神貫（如土委地）乎中矣由何請益為戲撫馭之術初無盡量請益者或更求其全也不知銳進即易退之機與其爭治術之多寡而愛博不專何如（真[illegible]生新）爭神情之疎密而執極弗還第仰先勞之邑勉相維悠遠則不紛者綱紀之定不替者緝熙之神所謂久于道而化成者知倡治原無易竟之猷鋊達之材每樂更新請益者或自恃為備也不知好勝即終怠之基與其炫才華于有為而更張舊業何如斂勳名于

友鄉若輩初。詒語

有守而貞固永終第即先勞之刻貞慎持末路則事前而好整以

暇事後而賈有餘勇所謂慎厥終惟其始者知握樞不在紛更以

理一今而後由其進于無倦乎即謂有益于先勞外也亦可。

鼻端出火臆後懸針探得驪龍頷下珠覺餘事都成鱗爪　李酉

谷先生

先之勞　吳

〇〇〇先之勞之　有司

依原評點

鳳山方縣尊首覆　童生第二名　施士膺　榜名士周

身作民倡而政善事在考成而政舉益政有先後先之己者任其勞先之有司昔不必勞予故為由與雍各言之今夫治民有要言教者不如身教庶務多端執簡者可以馭煩吾黨酬知何可同於俗吏之所為而徒以文具塞責好事紛心哉昔者子路嘗問政矣（說出宗旨知其為擒題）身膺民社之責凡所以教養斯民者豈可謝為異人任哉古來明（提有司二字渾然無迹墨采而骨不俗）倫敷教雖有司徒而覩睦始自一人稼穡率育雖有司農而勤勞起於深宮宰天下與宰一邑無異政也子故教子路曰先之勞之小民無知每觀型於長上則訓方善俗未可遽求之教庶而誠民

必疾敬德也豈曰黨正閭胥已有人焉司而理之婦子何心每具（烙天句警頓點水）瞻於長人則夷作西成未可驟責其耕耘而零雨必說桑田也豈曰保介田畯已有人焉司而勸之為政如是亦已至矣即有勇者力足兼人視先勞為簡易而試問其所以作民倡者果能無勤始怠終無進銳退速則有恒之政自臻於上理而何益哉然政貴有恒而又尚知要有當以身闓其先者亦有當以身總其後有當以身任其勞者亦有當以身享其逸獨不同有司存乎一人之精力有限以有限之精力而事事必躬必親則敗事困於喜事不貽譏好勞乎亦惟是先之末徐以已考其成而已民閒之情偽雜出以

（轉接見精神不落畏境）

辯出之情僞而事事必糾必察則獨斷恒以債機不徒勞罔功乎

亦惟是先之下吏以已收其效而已宰天下與爲季氏宰無異政

融洽

四語會全題錯然已解如

也此夫子所以告仲弓曰先有司也蓋求諸民者必先責之已而

大要地

統諸己者必先分之人合衆人之才力爲十力天工有代庶績咸

典重

熙是非不欲先也無庸先也非不欲勞也無庸勞也總大綱理大

渾涵先正名理

要表正斯民倡率閭閻政之善務也如欲請益則有赦小過舉賢

才之政在焉

中尊方老夫子原評

迴環縈帶妙極自然曲折匠心具見經營之苦次藝文勢崢嶸

亦非恒手可比

鳳山縣學江老師評

吊渡纓帶紙是自然非心靈手敏未易到此奪幟何疑

業師黄遂老評

工於映帶法在意中渡捥背雄傑提吊處蘊藉不纖尤爲天衣無縫

○○○先之勞之　　杭府　袁　枚　子才

政本於身、先與勞其大要也、夫民以君爲身者也、于其行則先之、於其事則勞之、而民有勿勸者哉、且天下事未有以步趨人而爲老成以苟且圖安爲得計者也、況政也耶、不敢不後若讓氣數于天地而學問必前民而立、不敢不安者垂法象于朝廷而精神必運物以行、是以盛王之世風俗端而人心勸也、子路爲政亦知君也若何、先知先覺之權、不有勞力勞心之責也哉、民有耳目而視聽獨杳乎君師啟影響來動于深密、流傳已播於父老蓋由望風而趨示之以皇極光明、孝子悌弟之心始淨、良民有身家而作息時

謙受堂

關乎神聖儲君而傳呼乎草野隔而不上于明堂宜其穀耕而

也示以貴人勤苦而耕夫織婦之氣乃平則甚矣　勞之有

必集於一人人主無事樂居人後何獨于政而忘之或讓民未遑而以

先期徵嗣或遷延鄭重而以先讓庶民不知待子孫而圖功則奕

代無勳名待時雍而後濯亦百年無風化也且煌煌者人以為落

火之觀乎吾以為田間之影耳有必爭之機而神武所以前民有

必立之準繩顯懸不得藉口天子之宴笑語言皆有關必先之具

上人君無日不勸民勤豈獨于身而忘之或躬修元默而以不勞

為名或高養九重而以能勞為誡不知愛血氣而不愛蒼生何以

役萬物之力養元首而不養手足何以振萬物之神也且休休者

惟恂多書味若能令 豈可作異書讀否儒舌

人以為黼座之樂乎吾以為辛苦之地耳四時交迫陰陽水火之

櫓亦不下豈知萬貢周官豳風月令系在總許

靈萬里消磨車馬河山之役聖主之聰明才力皆勞民勸相之資

也京師為首善之區望氣者先瞻斗采貢狀者先及朝廷天下先

好投剔都非恒義 皆是米

之而一人後之可乎君子脩身必在氣化之前化民恥落聲色以

後是三身之家㷊居其全而月吉之張皇存廿六半也是以明德先既

揭日月而行新民在後遂沐風流而化也大廷為供奉之所勞其身

以為飲食勞其力以為冠裳天下勞之而一人後之又君子經

留慘淡之容漸澈下艱難之詔而錦為宇宙付其肩而隱然喜

先之勞之

於分其精也是以躬任勞節宵衣而旰食憂勤任逸常後降而
前歟，治內治外為家訓以報天郊，祖為繁絲神鬯，而三百
六官如元氣之布，必迎必送而無虛春秋，嘗耕嘗蠶而無虛歲
月生魄未動，七十二國潛通風雨之心，至于蹈湯奔走，卿士亦有
先後之名，纔手親蠶，王后亦在分勞之列，古之為政者何嘗不先
而何日不勞也哉
於平實理制語輒作創闢解，於習見經藉義運作奇特觀，於有
字句處見體裁之密，於無字句處徵卷軸之影，非如外間塗抹
牛鬼蛇神，不同枵腹餖飣，鼠肝虫臂，周新之

謙受尚

先之勞之 一章　范驤

政摻于一心而尤期永貞焉夫以先勞言政亦云備矣而必貞諸無倦者豈非貫有其常摻也哉且王者握樞臨致忏以作則臣民故當注心皇極而允迪無斁也麗天秉經貞元良于有儆撫辰熙載單緝亮工命綜岱追琢以恢皇圖患懋以緜閥歷所以綱紀四方論我王之勉之也以子路而問政豈不勤恩明作哉表天錫之姿必樞偃于雉入然或崇樹威神而象親從縣于月吉旂章不惕於夜央何以振天維而賚百務是必有懋于綏貢者以肇四國之宏綱延純嘏之祚必迪祉于黔然哉哉以歌遊羹而神鑾或轍於

二集　丁集　四六三　論語

中年靈修頓逾於初服何以修燕翼而大貽謀是必有勤於劼毖者以介萬年之景福敢予一則曰充之人主之身公卿士庶所思（爲極細貼）詔而是行者也使從陳三物于司徒而上無以爲之帥以奠民之（民行民事分）有爲有守難矣唯於在宮在廟謹鐘鼓鸞玉之修左史右史登金錫圭璧之褒勸於物于躬先服度以示之當飲射讀法之際民豈猶煩觵撻然乎則曰勞之人主之身族閭鄰鄙然胥從而胥然者也使從任九職于太宰而上無以爲之勸以禁頑戒乃逸乃彥難矣唯是寅賓寅餞敬授夫朔易南訛大采小采時勅于糾虔祖識法璿璣之運勞厥躬以率之當蜡飲徽齒之餘民不興歌蟋蟀歟

當其時朝不發兵動之議百官旁作以迓衡臣不進已安之書萬民斂福而錫保治不齊休哉雖然猶有慮焉夫登明甫奏而遂有虞欽川岳之思將巡狩封禪之舉于焉並興也必甫刑有命祈招興歌始見耄荒之志自其於康衢之嘉頌意動于時雍而已有莫或紓之慮矣丹書在御盍儆息勝抑戒在庭盍凜射思古有在位百年而日月之光華常旦者雖榮光瑞應猶為翼翼已慮夫啓夏聿脩而遂有撫琴娛永之意得三風十愆之訓不能祇念也是豈必鼓鐘于淮游畋於洛始見逸豫之端即或列環楷之珍寶用後揚夫成統而已有弗克終之憂矣夫旅獒有訓敢不矜

細行虞箴在陳敢不思國恤古有壽考作人而雲漢之天章彌煥者雖昭景沐醴猶爲亹亹已蓋惟無倦乃所以爲先勞也哉君以以無逸作所步不希息事寧人之名王道以永圖爲懷亦不蹈好大喜功之轍政莫尚于此矣

眉龍齒[illegible]僅存[illegible]絕讀此知拾遺之博誕鄉嫛之細碎無不可取以說經　汪遜之

先之

安徽梁學臺歲入宿松縣學第一名　徐道高

政有貴於先之者、道在以身帥民也。益民行之不效、其咎不在民也、為政者可不有以先之乎、子故因由問政而首及之。嘗思文告之君操切之而民不應、飭躬之主徐道之而民自從、此豈民之有異術哉。蓋居高而操率之權、必先自見其精神而後萬物之精神以生、未有不自上風厲之而能使草野承流化馳宇下者也。子問政乎、刑名法律之煩慶不敢舉之以奇衆、而宰制之地有導引之真機焉。仁義中正之美、君子豈能人人而諭之、本明作以動群材、張弛約而功能寄預、淡泊清淨之理舉不故託之以便治而率酸之原見乎屬之主術焉貞邪淳薄之俗君子豈忍一一而聽之本議道以作物睹懿範立而志氣乃孚則政不頫乎先之也哉苟謂上理可驟臻而因挾欲速之念為民徵此直躐滲淺事之習而不得冒托乎先之也吾觀古人圖治或啓之而後繼或纘之而有待而及乎風行雷厲不來先施為先辦蓋有統兆人而立之則者而教乃不速而自成也夫深宮之一笑一顰纖微難遁光徹聽則品式不足以宜民亦訓誥不足以動衆而濯身浴德幾總不外黼扆之神矣謂萬化自我立而因逞獨是之見為民謀此直操縱自恣之治而亦不得漫擬乎先之也嘗觀古人制治勑奉書駁

用○非○在○𢡟之○前○後○緣

之以術未敢驅之以勢而及乎仰化觀型莫不奉神靈於建極益有首群黎而作之趨者而世乃徯應而恐後也夫一人之植紀陳綱始之在孝弟廉節而爵不瀆而胡以作愿刑不試而胡以感服知省成慎憲握成總不在觀化之日爾然則督責於下不如督責於上之為愈矣禮樂倫理之事其不容已於民者先為不容已於

割○切○乃○爾

君故飭皇衷於密勿祗以自範其身圖而成俗之原悉根諸懋修之地則躬行式化四境不已樹厥風聲蔵然則端化於上自見感化於下之甚捷也性情彝德之微以空言導之不足者以實行喻之而有餘故嚴道法於宮闈豈計遍孚於民隱而倡率之權倍凜

於深文之術則變軌轍物百族窮徇外於瘵曲哉故教不徒從之民也由其首體先之之意以為政哉

洗去卮辭獨存切響比德於玉之齊栗者也　原評

闡出精義宏暢中仍自愷切英聲茂實兼而有之　顧景嶽

先之　徐

先之

江蘇楊撫臺會課
紫陽書院一名　高顯宗

無民有自道在先登也夫民各有行誰不當先者而必自臨民者之身故先為首務耳且古帝王開政教之先今人大抵居其後耳然首出而作睹者上以承往聖寔下以倡斯民苟以建極之身而猶畏葸謙抑以為心則居高者不自振而欲卑處者之望而趨也蓋亦難矣子問政乎政以驅民亦以驅己履仁蹈義而不創諸躬民則曰君且未往也我何適故以引以翼褆躬寔開治之基身貴同民亦前民遵道遵路而不絜之己民則曰上自徐行也我亦急故惟戕惟康敏德乃于民之本然其首務厥先先之凡人有待

而率物之躬無待民待我而我又待民無論我行不堪辰民也即
奇闊流偉
可質而歷不違已膛乎其後矣與民行者以予奪之柄授之民
而以鞭策之方繫之我寧使草野之步武致慨望塵勿令宮府之
氣朱字分外出色無一句落恭驗而意已透
操持尚畫曉蓋貪得好勝之氣本聖治之所識苟正用之而紀綱
右是矣用之以先矣片情可讓而責己之功不可讓我讓民而民
將讓我無論我身不能令民也即可令而參贊其間亦祇為之輔
耳與民行者以愚拙之意寬之民而以賢智之心假之已寧使天
之耳目疑我神明勿令家國之功修相為揖遜爭長掠美之心
原為紀王之所禁苟善借之而準繩在是矣借之以先矣然則僭

好備悉猶繼起之念也我所謂先未嘗守獨而離乎衆始必起衆
而盟于獨當其追琢自修固無有政之見存也迨至順則在群黎
人以為盛衰之朝君民會極而豈知類情通志早自寅心孤詣中
來也夙夜基命宥與人共埶即觀我觀民亦互對之說也我所謂
先圖欲標其異以成同始必軼乎同以立異當其洗濯日新并無
有民之見存也迨至從欲在海隅人以為鄰際之治朝野合德而
豈知一道同風早從絕類離群中出也昧爽丕顯豈俟有偶埶蓋
必世後仁可于百年觀氣化不以一日躐操修而爇人為勇難于
理境論淺深可與民風爭進退由乎知立教之本而所以勸民事

者視此矣

拘守註中以身先之二語。滿紙無非上行下效泛話而已。筆〻為先字抉其精。陳言務去。生面獨開。画依樣葫蘆者。當以此作換骨丹服之。袁默蘧

剔膚存液。從筆可以扛龍文。程蒸倫

子曰先之 全章　張國瑜

原治之原關於上，惟自勵之無已。為其政以率民，而先勞為法；先勞而
勵之以無倦，先難也。此夫子重為子路勗焉。且王者建極綏猷，甚無貴
赫然之績也，惟以民之所期於厚自責而已。即儒者靈衷考治，亦無
責以求多之心也，惟以己之所任者終自懋而□，于則自古清和之化
恆關于勤勵，而養安非國家之福；端揆明堂，好言清靜，廢務所以日荒
也。人世久之謨，多肇于淵衷，而喜事豈保久之隆；矜氣服物，輕發罔
功，所以罕建也。昔由以政問，子知由固勇于任事之人也。天下事
亦何常之有，處之以慎，無所不先；處之以怨，無所不後。怨而以慎御之，
雖後者見為先；惟而以怨參之，雖先者見為後也。此敏如由，似不覆其

不先也而予猶慮之〻先也故曰先之天下事亦何定之有出之以畏無
任不勞出之以急無在不進急而畏揚之則進者亦勞畏而怠衰
則〻者見為速也然雖如由似不虞其不勞也而予猶虞其不勞也故
曰勞之惜〻先之勞之子之所以劃由者止矣設之所以誘民者亦止
矣蓋是則由文何必請益也無可益者百年之圖已裕諸一日之懷也
然〻而予又何必不益也有可益者一日之計出〻之百年之久也夫
勵精銳於志一動于所期遂不聽其效之所自至期之而靡效以
之厭而倦生期之而即效心又以欣而倦處矣自以為先而已不先自
〻為勞而已不勞〻勞不視乎其初而恒視乎其終也不然〻廢業之
以設致敬于應慶速子〻報者念一旅〻所迎將慈恩其去之所自

紛〻之以務利而將羲王作以除弊而諱逸〻以爲無一利涉爲借名

又以異利而亟矣〻之極而反不能先勞〻極而反不能勞倦〻不在乎

先而在乎其初也不然而無逸之誠胡以獨凜于周官此子所以不

能益于先勞之外也益之以無倦而益大矣

上節是望其相近處進之下節是就其不足處般之識見高卓行文

疎古如名將揮麾旌旗自異

子曰先

張

傳編

[子曰]先之勞之　無倦（論語）　趙晉

先之勞之　無倦　　趙晉

王者不外乎身，終之以心焉已矣。夫苟以身行政，則非先勞兩端乃無倦之心，亦無所以終之。豈更有其可益哉。且夫王者之身，天下百姓之身也，而王者之心，天下萬世之心也。知此意者，治要其全，原無多事，而王事高深，未嘗非持久不輟之業，又何煩議政者之過為後慮哉。子路問政矣。夫人心風土之原，精集在朝廷，不在草野；民志民力，皆為吾用，而君師之責，日以重矣。百年必世之圖，在精神，不在運會，已然已治之為吾患，而明聖之憂，日以殷矣。乎千由之間，而告以先勞也，豈無故哉？小民之醇於，豈小民之性情為之？實國家之教化為之

故太師陳風在天子時於之日此事當非司徒綜正一設官而可畢
襯出以身先
上之高中自為其學問而教孝教忠之本不藉孟春之徇務而比戶可
又襯出懲醒
喻則致之所謂先之者也小民之勤惰豈小民之婦子為之實國家
之勸課焉之故與重三推在天子親耕之日此事當非司農司會一
襯出以身勞
振作而無餘也中宴上客著不足數矣而迎貓迎虎之設豈盡順成之可
蜡而神人之答祭則致之所謂勞之者也古之君教化日興也勸課時
聞也然之而民頌可慶民醉亦可慶勞之而民情可驗民勤亦可徵
身之恃之周旋神明與之終然發姿之勞歎其懽悰惜迪之仁賢乎
歟世皇皇焉先之勞之豈倦勤勞由人請益特毋有倦於予予向無

但非益于先勞之外，益之于先勞之內者，蓋王者不敢一念與天下相忘，即深居亦寐中根民行而修民事，原無作輟之殊，時中于倦而王事不終，則先勞之意終爲紛飾，故則倫勸績之典，聖主罔弗殫其夙夜精勤之力，令斯世觀吾治而思見吾心，而肅且王者無一事不與天下共長久，即輝緒術來亦後民性而治民生，原非旦夕以卒，闡爽不倦而大業不荒，則先勞之意雖以觀成，故井田學校之規，聖主亦莫覈其數，養斯民之事，令後世讀吾書而得吾意而興如是。討先之勞之，乃云王政，裁要之合千萬人之身爲王者之身，即令千萬世之心而爲王者之，政至無倦矣，政之先勞者言之。

精錬

造到名貴

更精

卷大題墨甲集

克己復禮為仁　王步青

與大賢言仁直示以克復而已蓋仁與禮為禮而間之者己也克以復之非即所以為仁而何且學者苟志於仁孰背溺于本無而忘其固有顧或以大致要之而遂懸斷吾心有無之數則亦還相倚伏於消長之適然而終無當於為仁也已夫仁無可持持之者禮

蓋禮固因心之則而由中出者亦內外閒也乃禮無所撓撓之者己

（參以中數須制外）

蓋己為積私之形而以求復者遂以心殉也是故人惟見以為己

（所以為己之私心殉）

遂浸淫濡染若困我以無可如何之勢而莫辨其由然因之

（所謂知過之顯歟）

日遠乎禮乃放棄恣睢至與吾有扞格不勝之情而不知為故物

抑人何以為仁也必也於己則克焉形器之立與非僻之生常相
比附俟其既張而始思克則其克也後矣惟自勝吾常勝之權不
獨防之未來而直窮之所往至於一私不起而後知性情形體之（所謂索性做過盡）（紅爐點雪）
初其清明者有如是也由是於禮則復焉人事之節與神明之閑（一點查到此消盡）（所謂仁禮）
原非二物俟其已亡而始思復則其復也疎矣惟灼見夫不遠之（一物一物）（易所謂不
數不獨坊其欲然而直返其固然至于天體不踰而後知節文度（遠復）
數之原其精微者實如是也蓋已之本真則此心無可自信而驟
語以經曲之文膺知不甚其情感之具況以理欲之相待也已方
據于其域孰能以禮還之則克己者所以為復禮之地也已克而

禮自有權。禮復而仁自無間。如曰今此遏欲而後此存理也。然乎哉。抑己之既克。則吾心固已無私。而不納之秩敘之內。庸知不墮于寂滅之流。況以閑存之不苟也。禮未臻乎其極。吾直以己斷之則復禮者。所以為克己之盡也。己克而得禮之意。未協禮之文。禮復而立仁之坊。始見仁之體。如曰既且閑邪而無常存誠也。可乎哉。予亦于克復盡其道。而為仁不外是矣。

（所謂己克則礼自復）（所謂能克己而不能復礼者）（佛老是也）（所謂未能復礼以時制邪欲）（斷以己見）（所謂克己又須復礼）

理密而氣自疎。故非餖飣家所能攀躋。　康儀一

對顏于紅爐點雪境地。并照下四勿立言。則復禮自即在克己上。篇中大旨。程子為宗。而以朱子克又須復之義足之。融洽分

明語〻與儒先印合乃得題事竅然　黃熙

## 子曰克己　仁焉

一百四十三名　王廷相

仁不外于克復、可即其效而極言之也、甚矣、克復者所以全此仁者也、誠克復于一日、而歸仁即在天下、可不知所從事哉、今夫君、學莫要于求仁、而求仁不外于存心、何也、蓋天人有中參之介之、至明無以辨其幾而存遏有交致之功、非至健無以用其力為郎、其功之不敢寬以愚其驗之所必至焉無容、夫其在我者而紛〻、馳騖為也乎、問仁乎、絕乎欲之謂仁也、乃蘇不言欲而言己、假吾身自有之名、以遂其任情自便之私、是欲之累仁者從茲、而欲之托己以累仁者更深也、要可不有以克之乎、真其外來之已焉矣、

其內伐之已焉殘殘乎獨殺其生之大力以與此已爭去留者非第
防之而不使來寔則克之而一無所存也而操持固已無間矣純
于理之謂仁也乃誘不于視而言禮即吾身準循之準以律其幾
務盡性之功是理之範仁者猶虛而理之範禮以範仁者更實也
安可不有以復之乎復其一端之禮焉復其全體之禮焉復之乎
盡我心之圖維以與此禮爭雖合有非兼存之而使其有所得者
則復之而一無所失也而元善人已有其矣克己復禮爲仁固未
然者雖然使克復未盡則無爲仁之功矣無爲仁之功者何以爲
效于歸仁惟克復既歎則功深于一日矣功深于一日者人何不

可欲致于天下此一日也至公無私之[illegible]也吾全吾公天下咸服

一日字亦是着力字不浮輕放過

其公以相親矣雖天下至大不無視為雖周然歸之所至而可决之于其事即歸之所不至而亦可决之于其理其與我也不有一

天下歸

介而乎者繁此一日也亦人盡天全之日也吾裕吾天〻下皆感

是心與吾心相通耳

于天以相愛矣雖天下甚廣或有慮為雖通然歸之所及而可信之于其勢即歸之所不及而亦可信之于其心其許我也不有不言而喻者欲觀于天下歸仁而為仁豈復有他道哉蓋知其效尤貴知其機由己而不由人固也可以勉矣

説理之文以明亮為上乘蒸蒸見地真切而運筆清快固宜其

本朝館課慎詳錄 論

沁心制行禮動精微 孫于山

子曰克

王廷相

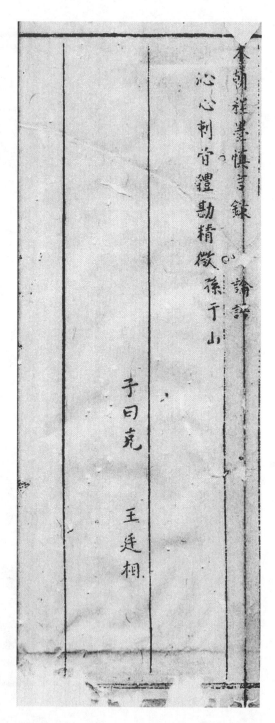

○○○克己復禮　一節

吳世基

聖人以克復言仁爲著其故而決其機焉甚矣仁不外乎克復也效極　格註自老

乎天下而機在乎由己不可得爲仁之要哉且吾人求心之學無盡也

克復爲主全節之意貫舉

而不外於私務理以爲功誠以博之爲衆著之端約之爲專謀之業也

清析中要見貫注

制情以獲性推之一世而有餘閑邪以存誠返之一身而俱足斯其懋

結到由己

勤之要夫固可獨任焉而無難耳子聞仁乎仁出乎天而或間乎人則

論正法有開講提冒則起比只宜直扣首句不必又籠全節

域之介乎危微者貴自深其劾毖而秉彝共好不越神明以內之圖仁

意點合掌

本乎心而或病乎物則功之辨乎離合者貴自勵其持循而應感咸孚

提挈全題暗交出來勝註出

不踰夙夜相深之事然則仁之理甚全也仁之教有至廣也仁之機

析出首句有力　此段生動排說

有至決也而要必自克己復禮始論仁于彝降之初無所爲己也止有

所為禮而物感既紛己與禮遂有並衛之勢矣惟克之以去其所本無
復之以還其所固有則防制于此而密者元善不于此而款欲論仁于
辨精之後有所為禮也更無所為己而據修方始己與禮猶為待治之
幾矣惟克焉而于仁之中無所損復焉而亦于仁之外無所加則秩叙
于此而昭者炁良不于此而篤欲兩其業為終身所維繫之量即為一
自所克肆之修則寤寐考衷遂統畢世之性情而有獲兩其詣為一身
於內驗之心即天下所同然之理則淵懷淡定遂統羣倫之志氣而咸
屬極之天下而皆歸其仁焉自非克復而安能致此乎吾于是益念夫
為仁矣益念夫為仁之由己矣孝退藏之宥密而克己者即此己也復
禮者亦此己也出而為庶類所相通仍入而為我躬所自具其靜直

絕諳棄……發末刃上上收攝上文有法

之外別有旁貸之功審素裕之修來而徵之一日者固此已也徵之天下者亦此已也動而為羣情所悉協仍靜而為內力所自全豈其允迪之餘別有從馳之用為仁由己而由人乎哉總之袪其累仁之己遂其為仁之己而在外必統乎在內仁所以大而有原循其遂禮之己全其由己之禮而閒世不外乎閑心仁所以傳而有要西也勉諸

完氣足　抱己礼二字本收緊　字字綿密

通節大意只重在克己復禮四字天下歸仁考效本于克復為仁由己決機亦在克復此文重發首句而講下截處處照顧此旨握定題緒條緒自然井井矣先輩歸震川作照證效之甚速而甚大機之在我而無難將下四句分作兩對但細翫[illegible]發歸仁句只須輕點自當以循次遞講為主

代篩桂

子曰克己復 三句　　癸巳北闈擬程　宋衡

聖人以乾道言仁功至斷而效至大也蓋仁探本源功歸積漸克己復禮其剛斷一乾體焉天下歸之首備端之仁可比者今夫渾乎一心而倫乎萬物以為量者仁是也聖門顏氏予聞仁矣予以乾道語之也曰仁者適德之基淺形之本範圍乎天下而不遺者也易曰履然後安受之以泰履禮也必所履在在安而後此心泰然常定也然必先能克己而後可與復禮己心之膠也禮心之矩也擇此心而附形之己知斂之衆心之共乎矩者日遠純此心而律身之禮如逢其訣心之還乎矩者自於克者戰勝遏其萌絕其伏也復者安土

為南徽先正鑒

蜀南徵先正鑒

止其所固其守也于是為仁仁之顯者在一身仁之微者在一心仁

天然出落

無一

之純者在生平仁之驗者在一旦一日而克一日而復健行不息自

句字靜道真諦

無二無間也一日隨克一日隨復龍德正中自無過無不及也起視

理足神酣

天下信之從之其歸仁也恒性也懿好也其瞬息几席盡天則乎其

羣動萬類胥在宥乎此全體之仁始終內外已畢見焉向非資力至

滴滴歸源

優握厥本源焉能剛斷至此故曰乾道也

識解獨踞題巔筆力直透紙背字字矜貴骨健神蒼先正自在文

莊張太岳一二名程後久不睹此氣象

寔齋先生

克己復禮舉其大綱而言目尚在下一節篇中所言皆渾括大意

留下文地步元家識度迥出尋常至于箋釋精確引據恰當的是先正名程行遠傳後定推此種　孫于未先生

不從乾道立論則制私存理與顏子克復無關邦家無怨與天下歸仁何似然所謂乾者非取字面正所謂雷厲風行紅爐點雪如篇中發抒是也理可輔經語堪翼註得儒宗之語錄而去其訓詁運成弘之精液而存其勁健應與制義並垂不朽　廣陵後學李珣謹識

子曰克

克己復禮爲仁　周茂源

與大賢語仁以制心者爲上也夫克己而要之復禮內者全矣得不謂之仁也哉且學者欲靜然無事而坐進於仁此數之不得者也謀道不以欲保德不以私即安能無所持銜而並置焉以滑其中哉是故人不學道其去留往往皆反便於我者非道也而安之矣不便於我者雖道也而畏之矣茲欲遷其所安而就其所畏則仁道之所以不遠也蓋息心之人蕭然有淡漠之致慾則盡矣或苦其侈也通者於是思寄意於紛華然而靜體所觀終以清明爲可樂求修之士總總在尺寸之間法則勝矣或苦其拘也曠者於

是思迅游於浩蕩然而天機雖盛要以嚴正為足依故克己為其
仁所去也復禮為其仁所存也而以此思仁仁可知矣天下聲色
克己與
復○禮對待曲盡○淺深
之物妄禁其不進況復有己以為之誘乎苟無所以治之而姑與
之相習則久之而欲乃不厭矣抑久之而理益可憎矣夫人情雖
不可絕然吾之所以為仁者屬之情乎屬之性乎必曰性也是當
反情而節性也吾身嗜好之端安必其皆正所恃有禮以為之裁
○非克己無以復禮
耳苟未有以勝之而徒與之相持則久之而欲乃益熾矣抑久之
○復○行○盡○
而理所可偽矣夫私心即或稍泯然吾之所以為仁者謂其大公
○正○是○克○符○盡○　說○克○
乎謂其少私而已乎必曰大公也是當以公而滅私也是故除惡

務盡則貴以剛當夫接物繽紛之際此已方進長禮則隱微者也毋督於中毋荒於外明健之至率禮以爲行矣夫率禮以行而他爲者無可亂也非仁也哉一衆邪未形則貴以敬當夫高懷簡落之時此已未萌生禮仍絕控者也瀋兮非瀋寧兮未寧恭肅之至秉禮以爲守矣夫秉禮以守而他爲者無可萌也非仁也哉然則中心交戰固不若反之以虛而忽爾坐忘又不若治之以寔以此思仁、可知矣

己字禮字總得清克字復字看得細精微刻劃理境中伐毛洗髓之候也平說串說總說尋流討原制外養中無不曲盡其蘊

子曰克己　仁焉　二百二十一名　姚培和

亦大賢以全體之仁、克復盡而效通於天下矣、蓋克己復禮者、全
體之仁也功成於一日、而歸仁之效、不於天下驗之哉、嘗思中心
安仁者天下一人而已矣、下此則必力祛乎私之所伏以參全乎
理之所存而後歛之一心具見退藏之密斯準之斯世即徵懿好
之同其功有相因而其效有甚捷也回問仁乎、夫仁道之大也無
一理之不統患有己以間之仁道之難也雖偏私之悉化尤恃禮
扶植朝赫靡遺頓除
以範之己與禮無並立之勢贏于此必絀於彼己與禮亦無雜出
照綜詳明健分殷
之時有所屈乃有所伸是在克之復之而已吾身嗜慾之乘每中

於不覺已之難於察也克之者俾無餘地之得容以致侵我禮而汨我仁則外絕所緣即可內貞所守天秩天叙返而納諸合應之（制于外所以養其中）中隨在之皆禮斯隨在之皆仁而已亦消歸於何有學者便安之習每成於自寬已之易於匿也克之者務必根株之悉拔不使禮受爭而仁受梏則去所本無即可全所固有三千三百引而還諸服習之間禮以為仁之防斯仁得夫禮之衛而已益退避而不前夫是之為仁也積仁者吾心之自有即天下之同然也特慮制於（入規應矩）渴懈作輟時乘克已而未必疵累之俱捐復禮而未必天則之悉協如是以為仁天下得窺內治之跡果其莊敬日強體事皆在克

之而後起之累不入復之而本然之體無虧如是以為仁天下歸
有志氣之含一日者嗜慾攻取不擾於中而遽還乎大公之矩將
所謂易則易知簡則易能者無過此一日也而天下之理得矣此
日閑衛不狃于習而遽愜乎大共之情將所謂通則靜正達則日
樂者即在此一日也而天下之志通矣其有不歸仁者誰然方其
兩領上句為析可發
見己而克見禮而復謂非去私存理之功不可以為仁也原不與
天下訂從違而惟於一心決操舍及其己無不克禮無不復即極
人盡見天之候猶未敢自信為仁也而既使此心無絕續自可與
天下相感乎為仁者亦求之己而已

如類洪發不為蒙昧之語。前二股己字禮字仁字。回環疏解。最善警發人。

子曰克　姚培和

子曰克己　仁焉　六十七名　徐修仁

仁有全體、克復盡而通乎天下矣、甚矣仁之體至全、而克復之不容不盡也、克己復禮而天下歸仁、不可于一日決之乎、夫子告顏淵曰、人各有心、而心載夫仁、是無私之體、而大共之原也、自人參以後起之私、而不能返乎吾心之本然、斯無以見人心之同然矣、是故逆而祛之功在精嚴、順而循之道在強固、感而通之效錄廣、大知此可以言仁矣、何則、仁人心也、有禮無己之心也、即天下人之心也、亦即天下人有禮無己之心也、故仁無他、克己復禮而已矣、有所攻之謂克、而用之于己、則期于必勝、蓋己也者、心之客感

（一句破的）

（挽法獨特）

也。喜怒愛欲之所附而生也。愛生以後。誘我者非一。橈我者非一。
客已久處于其中。誠能矍然知警。絕其客感之私。則我心以澄然
而不亂。而物莫之閒矣。還其本之謂復。約之于禮。則如逢其故。蓋
禮也者。心之主宰也。剛健中正之所緣而立也。賦形以來。攻之者
日甚。役之者亦日甚。主已久寄乎其外。誠能毅然知奮。逆其主以
自治。則我心以湛然而不遷。而內有所據矣。若是者。目辨夫天人
（有前）
之介。而人盡可以還天。力持乎理欲之交。而遏欲即以存理。由是
（照提出處在下最好）
而詳之。一日間所釋強勉之勞。而漸臻安敦之域。由是而合之天
（是對顏子語）
下又可由一心之慊。而博觀衆理之同。蓋天下同此人。即同此理

克己復禮　仁焉　戚藩

深致其力於仁則一日必有驗也夫己軼禮而遂安之是終無此決此一日也誠勵志於克復豈有逾時之應乎且人所勝道以終身者仁也而終身恒不能自有其一日何也畏勞而志不斷也是故聖賢有所甚難於夙昔而又有所甚決於斯須雖以予問仁吾猶進之以勉強也仁之著於禮也久矣而己每起而斷之當己熟而所便之私深習之遂據以為性則雖有理之至明者反疑非我故物矣是己勝而禮不勝也樹己堅而所辭之力少試焉遂恃以為功則雖有理之偶見者亦且得半而怠矣是己不勝而禮亦不勝也無亦克以復之

可乎克其憑我為角者使我不得徇質以增非則絕源之道也內無所淫其外必有所自止不過形器各居其方遂以靜神明之變而不

下節意已透

越斂仁者所以甚嚴乎其獨也夫亦曰以獨嚴之即以獨証之而已

即逗下句何等融洽

矣克其因物為間者使物不得擾感以恬欲則卻斂之道也應無所搆其體必有所自安不過儀度適協其宜遂以入粹精之域而無疵

求仁者所以甚嚴乎其身也夫亦曰以身斂之即以身驗之而已矣

此豈待共証共驗之天下而後為仁乎然而天下必有以見之也所憲者此一日而不終其日則天下窺我氣衰也去吾前此之日偷勉

即是誠中形外之理

吾今此之日強質之淵微寤寐將自服夫寤寐服之而天下非之有

是與所患者此一日而不積其日則天下疑我中踈也累乎前此之
日進欲乎今此之日新反之我躬心神將自許夫心神許之而天下
疑之有是與況乎己固有其本量也需遲以待之而已遂以非僻名
夫亦重棄吾己耳一日克之久之至於無可見則不勉之功也禮固
彰於身教也悠忽以居之而理反以虛理適等之放於禮外耳一日
復之久之至於不待復則自然之獲也又何疑於天下之歸而坐廢
此一日耶四也勉之矣
題是三句便有三句作法看其接縫處都成一片無針線迹如此
乃為成章　蔡廬

行房書選　下論　克己復　戚

克己復禮　仁焉　　一百二十名　陸榮程

為仁有實功、即一日而驗之天下焉。夫仁、心德也。功在克復、而效
及天下、不可驗之于一日哉。淵固幾于不違仁者子。故直告之曰、
學者誠用力于仁。而或以幾微之累、失其心德之全。天下其誰許
（切。顏。子。說。入。筆。輕。理。圓。）
我乎。夫理與欲、不兩立。物與我、有同原。此其捺功甚速。而收效至
大。非剛健者、不足以與此也。子問仁乎。元善之良。一間亦分乎純
雜。閑存之極。萬物莫越其範圍。仁之內無己。故己不可不克也。仁
之中有禮。故禮不可不復也。無私之謂仁。而匿而潛發者己也。己
不盡不足以為克。知誘物感。力勝之而見義理之勇焉。內無所干

下節總括

萌而外無所干入則仁之本無者絶矣當理之謂仁而實而可據者禮也禮不倫不可以爲復三千三百善反之而見天地之心焉靜以涵其秩序而動以蹈其節文則仁之固有者完矣若此者省之又將不敢以旦夕計功存之又存未嘗以遠大責效然而仁之理既體事而皆仁斯仁之德亦不言而同然有如一日克己復禮乎則天下歸仁有必然者莫速于乾元之来復而形氣之私未化斯夙夜不勝其輾轉安望一日之能奮也剛而決者在立日則感而通者亦在一日不行而至此心同此理同也豈有需之遲久者乎莫大于天德之周流而公溥之原未達鄉家邦不必其相符安

問天下之能喻也中以正者在天下則順以巽者必在天下不介而乎無異人無異辭也豈有限之方隅者乎禮之外皆為己能克（禮泰）之（二說兩出）必復之天下欲指其一事之疵而不得已之盡乃為禮既克之又復之天下欲窺其一息之間而不能夫然而為仁之由己而不由人從可決矣

理極堅緻而用筆又何軒豁也

克己　陸

子曰克己　仁焉　　二名　陳躍龍

聖人以克復言仁、全其功而效斯著矣、夫己者禮之敵也、克焉而仁全矣、即一日之克復、而歸仁在天下、豈非自然之效乎、且學者誠有志于仁。不患其私之不制也。患其制之者若絕而仍留。不患其理之不存也。患其存之者偶離而求合。夫天姿學力。業已不甚遠乎仁。在天下亦將信之矣。而苟任其微累之未融。聽其真情之偶歉。是無以幾于仁之大全。其為天下之所共信者。曾幾何也。今與子言仁、必何如而後可以為仁哉。夫仁本無私、而暱就之者已也。己為之主。無佚人欲橫決。而後害于仁。即寂然凝一之中。而偶有隱而達之之意，未免累其體而失其平。仁全衆理，而節文之者禮也。禮苟有失，無論太本或虧，而未協于仁，即經曲詳明之中，而偶有過與不及之愆，尚未據其全而儲其用。克己復禮，不其要乎。然而禮之權不足以勝乎己也久矣。吾惟力矯乎一偏之己，而剛（此是程子說）柔得宜焉，且力絕乎嗜好之己，而中正無邪焉。此即克即復之道也。仁者所以功存乎戰勝，而悠然見天地之心。然而已雖去而猶未全乎禮者有矣。吾惟謹循乎當然之禮，而日就範圍焉，且順適乎自然之禮，而觀其會通焉。此既克而復之禮也。（此是朱子說）仁者所以事合于天則，而粹然得性命之正。有不為仁乎。夫誠如是其克焉復焉

子曰克己　仁焉　陳躍龍

也。志期于果決而詣極乎精微。寧以是求知乎天下乎。審之明而猶懼其誤也。力之奮而猶戒其弛也。內傾而茍有疑。雖聞望滿天下。愈無以慊乎一心之安。則天下之或與伐以仁。或不必與我以仁。皆非仁者所敢許矣。顧藏如是其克焉後焉也。功深于積累而效著于崇朝。豈無報我之一日乎。識之所照。原非以立異。性之所貞。適協乎大公。然好惡有同心。未成功在一日。自足以孚斯世之大。則天下之已歸者共欽其仁。即未歸者亦無容議其不仁矣。蓋非仁者之所感通乎。蓋累吾心者既去。而萬物共服其無私。範吾心者既全。而斯世咸稱其有則。吾安得不以克己復禮專望之為

參此一折不必

此句難

添出

仁者哉〇〇

朱子云〇顏子克己、是紅爐點雪〇又云復禮工夫極精〇才有一處節文不合〇便是欠闕〇所以克復乾道與他章不同〇一講及起處二比〇語無泛設〇克復二比〇融程朱二子之說而出之〇更極圓渾

子曰克　陳

子曰克己　仁焉　楊繩武

克復交至而仁盡焉、可極其效于為之日也、夫仁與禮為體、而已實為之累也、克以復之功決于一日而效有不極于天下者耶、今夫人之一心止有仁而已、領我為仁而有樹吾仁之敵者其疑似不可以不爭、我為仁而有範我仁之體者其精微尤不可以不盡、得乎此而涵為吾心之全德即達為天下之同理、仁之功由此全、仁之效亦由此著也、淵問仁乎、以爾不貳不遷之質豈尚有人欲之潛滋、心齋坐忘之誠誼已見天心之不遠、為仁之致雖未驗于天下、為仁之功自可信于平日、然而仁者天之德也、理與欲之相

連六句一舉搏象全力

學微

借顏子身分句起下題却不犯實

秉非天德之明無以察存與遏之交致非天德之健無以決是故、
子欵為仁則克己復禮者是物欲之陷溺至自外者也顧欲自外
至而又窮附于吾身以内之物而隱為之蔽故不得徒以欲名而
（針對下節視聽言動安詮己字禮字）
直指之為己彼人情易溺往往自護其私而不能制己之所以日
纖也此其道利用克克之者歷畢生之始終無一念之偶入乎己
即一念之始終亦無一毫之偶徇乎己務使其秀竊而無所貽吾
仁之累而已天理之節文性所賦者也顧理賦于天而天實備于
吾身所蹈之地而詳為之制故不得虛以理名而實指之為禮彼
人性易流往往自棄其天而不之檢禮之所以日溺也此其道利

用復之之者禮為吾所下遣則以立返之而為復禮為吾所素習又以日新之之而為復務使其純全而無所欺吾仁之量而已克已

禮、出、一、日!、、、、

復禮為仁之功全矣然而克且復者之難也洞知已為私之所積其所累于吾之為仁者甚大而姑苟之以自便故有積數年之力

一○日○二○守○是○克○復○之○功○非○初○下○手○

處言過欲防淫而不敢遽信其有能克之一日者果其克已之功

也○人○都○□○消○退○進○此○獨○決○剛○出○其○向

一日而可確然自信也則仁之所存何間遠近矣則明知禮為天之所生其所係于吾之為仁者又甚大而姑置之以為安故有竭終身之力自謂設誠致行而不敢遽信其有能復之一日者果其復禮之功一日而可快然無憾也則仁之所通無分疆域矣天下雖

官止神行章法一線

大人莫不深惡夫已也一旦見有人爲先我而袪其蔽者則群相服矣而況其所謂克者非徒強制之為功也已既盡而禮以日生所謂閑耶以存其誠者合是人其安爲也歸與之忱一日可發至耳天下之人雖多然莫不共具此禮也一旦見有人爲先我而還其初者則群相悅矣而況其所謂復者非徒強附之為功也禮既盡而已不復生所謂天全而人不離者合是人又安爲也歸許之懷一日可立效耳非以天下見吾仁之廣大不貫以天下黔吾仁之諫密故其效之無遠弗屆而要非于克己復禮之外別有所加

重合得散與立體墨晷

神完

欲使吾仁之理共信于天下也易而能使吾仁之理獨信于一日

也。雖。故。其。效。之。捷。于。桴。鼓。而。要。不。得。謂。克。己。復。禮。之。功。可。以。襲。取。蓋仁者天之德也。惟天德之明而後可以察己與禮之幾。惟天德之健而後可以致克與復之決。故克己復禮天德全而為仁之々在是矣。

句々是紅鑪點雪兮兩移不得他賢去心細如髮氣大于潮不愧維斗先生文孫

克己復禮為仁　三句　薛觀光

亦大賢以為仁之功、而決其效于天下焉、夫克己復禮、先天下而全乎仁矣、而天下有不歸者耶、子故示其功、并決其效耳、若謂天生人而與之以仁、其有理無欲之本原、非通萬物為一體者乎、然（團鍊而截、水乳交融）自本天者言之、固無不粹然無疵、以協蒸民之共稟、而自在人者言之、每不能純然無離、以孚衆好之皆同、所貴盡人以合天而後各載一天者、罔弗大順而大化也、一國潤仁乎、夫仁也者、與人欲為（下以意足齊欲動而不犯乂決泣）敵、與天理為會者也、欲漸長而理漸消、無逃天下之指視、而其去仁為己遠、即欲未淨而理未寧、猶來天下之規伺、而其體仁亦尚踈然則為仁之道無他於己克之於禮復之而已矣仁成其身肢體悉載仁之官而嗜慾攻取即載仁者之所自致此而弗絶其萌仁不日以滋累乎於是已伏于中懼其危也制之以剛而強有力者能勝己緣于外恐其肆也持之以毅而果且確焉無難蓋有以塞乎流弁有以清乎源是真吾戢則竟也而人心退聽何自有擄仁之端已一仁體乎事舉動皆行仁之範而秩叙惇庸正行仁者之所不遺微而偶踰其閑仁不日以漸漓乎於是禮由忠信與天性

切實說深無浮泛之與浴氣

俱來也返其所同然前無體者立有體之宰禮在儀文與形色俱昇也還其所固有而定身者胎定命之符蓋有以束官骸即有以

凝德性是真一陽来復也而道心有權何徙非依仁之境已若是者祇盡為仁之功耳遑計為仁之效哉然在未克復以前當從用（要其成功而言一日二）力之一日圖其始而在既克復以後可即成功之一日要其終（字獨見堅確）性盡則情通至誠則動物天下之大也而誰不歸之耶蓋皇降維均而後舉天下皆範圍于仁之中其先我而已仁者初非仁之有獨優即後我而来仁者亦非仁之有獨綜此心同而此理同元善各（婦孚挾其顛不屑點其容）足矣則夫克復之一日盡一人之仁寔以盡天下所各足之仁而一源相証有不介自孚爾一性命各正以来舉天下皆貫徹于仁之内其未漓本體之仁者固知以仁為可親即人後起之不仁者仍

○○○○○○知以仁為可慕天良發端真情見○葢德其好矣○則夫克復之一日○合人人之仁○○○○○○正○以○全○天○下○所○共○好○之○仁○而萬類景從○有旋至立效○爾一要之功在克復○原不以天下之故○始察其修而效在歸仁○自可○非○修○言○欲○驗○以○考○克○復○之○寔○功○也○於一日之間○默神其應○凡以衆志之從違○可驗一心之縱歛而理無不相通○心必先自盡也○為仁者尚其決之于己哉○

說理文字最苦奄奄一息此具有高山深林龍虎變化不測之狀是何神勇　沈歸愚師

深透題堅融洽題緒理精以密氣勁而流　遂寧門人張懋中識

克己復

若聖與仁　全章　　方苞

聖人不敢以道自信、而以其可學者示弟子焉、蓋聖仁不可幾、而也、而為誨之不厭倦、則不能學而猶可以學者也、子之語弟子者至矣、好學之謙言哉、且學者日與聖人居、而徒高之以為不可及、是聖人之憂也、故姑辭其名、而恐不足以相發也、取其實之可居、學者所可自力而習焉、不察者以微動焉、而明者可以興、然而自失矣、昔吾黨之以聖仁推夫子者衆矣、弟不知其心將皇皇焉有所望而未見、而求其所挾以造此者乎、抑悠悠焉以為夫人之能、而忘其將所以從事者乎、夫子曰、若聖與仁、是道之所歸、而學者之終事也、以是擬丘

消息其機　通節骨脉皆動

則吾之自許審矣而豈敢謂能哉第其心以為未嘗求之而自得著
情也已之所慕而不與人共之者私也既已從之而復去之者棄其
勞也與人同學而不要其終者欺其志也故雖至于今而猶自惜其
無成也而為之則已有年矣身之所為不自知其至猶未也而誨人
一篇靈動
則嘗亹亹矣不厭不倦則可謂云爾已矣夫聖仁者夫子之所獨而
為誨者弟子之所同也夫子之所以不厭不倦弟子之所不能學之
二比意味深長在
而夫子之不厭不倦猶弟子之所可學也一動于天者常循之而不樂
中二比止是淺淡處非深于文者不解
他人所作而難致其情者深入其中而矯嗜焉則不覺其害之為甚
矣一而定于人者亦易強而有功人情操之不能終日者力持其體而

又安焉乎亦不患其儔之不稱是哉思吾子寢興食息之下蓋有斯

須不釋乎心者豈皆二三子情樂相尋之候乎吾子皆將出入之餘

所為無行不與道俱者豈皆二三子既將相尋之境乎由此以觀則

吾子不厭不倦之時皆二三子厭焉倦焉之時也二三子毋言

循心滿者　矣而辭

聖與仁而若有餘慕如華觀子之為與誨而皆有餘娛矣而公西華

向別　曰

果厭然而與曰正惟弟子不能學也夫華知弟子之不能學以曾同

善開

力于為誨者是夫子之所樂也然華以弟子為不能學恐有益滋其

厭倦亦是又夫子之所憂也

此題俗解俱作夫子聞人譽已而舉之以讓公西華又自謙損以

若聖與

全平稿 右聖典 論註

稀崇其師鄙陋極矣作者獨于語句之外兩下直鋒相对處許上[illegible]

消息真當前絶後之文韓慕廬先生

[子曰]若聖與仁 節（上論） 宋權

而遒
為之
恍然
其法
行而
語脈
疑神

○○若聖與仁 一節　附纂開元　宋權

聖人自道其心而得仁聖之學焉夫不厭不倦夫子誠不知其為仁聖而抑知弟子正有學之無從者哉且夫仁聖者千古諸極之名亦千古虛懸之名也所可徵想者惟是歉然未見之心耳此心他人不能[illegible]聖人自道之而精神恍然聖人亦不自覺也從學聖者返即之而精神愈恍然如夫子者未嘗標仁聖以為極也而但見日孳孳焉且日與群弟子共孳孳焉群弟子學之而不能也曰夫子其聖矣其仁矣夫子自謙焉而真覺無有於我也曰若聖與仁則吾豈敢抑為之不厭誨人不倦則可謂云爾已矣業不居仁聖矣所為者何事而自夫子言之則曰吾不能仁聖而何敢厭於為吾即不厭而仁聖之為或異有異焉者也

皇明[illegible]質三集　上論　天啟乙丑

詩究

轉更

亦曰不權吾敏求之真則可耳業不居仁聖矣所誨者何事而自夫子言之則曰吾不厭於為而何能倦於誨吾即不倦而仁聖之誨或更有異焉者也亦曰不失吾行與之素則可耳如是為如是誨居然一下學之常但不厭但不倦儼然一人人可學之事而公西華窺其微也曰赤見弟子之學夫子也不曰何述即曰莫由若夫子無不可學而人自不能學者由今思之其正在是乎其不在是乎然則以仁聖名夫子亦不如以為誨觀夫子也何也仁聖實為誨之品何若為誨傳仁聖之方也以為誨想夫子更不必以仁聖名夫子也抑也總誰為夫子以仁聖不能名夫子不若仁聖之心也即所謂不能學者亦公西華之視夫子則然而夫子不自言也亦唯是曰吾為不厭耳誨不倦耳若聖與仁何有

於我所又何不可學哉
執法之妙使絕者繼腐者鮮此債薪之枰雲巢之七也○夫子非
辭仁聖公西非贊仁聖一指出學人爲仁聖門路一悟到至人成仁之
聖歸宿此文識解參微直探象罔之珠矣韓求仲
題多奇作然或以想頭領異或以理解標鮮但取快心不無傷氣至
順題成局口角宛然無意間染而間架自妙不得不推此文○是科
詩二房熊君文起云使夫子而果聖也仁也亦何不可學之有庸人
克念可以作聖一日用力可以歸仁而夫子正非仁聖之謂也過云
却天下必爭之道德退處而不露其鋒乃覺藏用之力多而戢仁之
意少舍現前可到之步武若失而莫窮其真乃覺不前之志一而猶

靈尼本 肯 樂得化 刺得化

○○若聖與仁 節　邵名世

聖仁有實修學聖人之能可也。夫聖仁可為也不厭倦難能也學之化者學焉誨而已此赤之所解乎且天下有標其名不可幾而証其脈旨不可誘修其庸若無異而邑其實又若甚微者聖與仁乎夫子倦〻誘人聖仁故思聖言有極論仁言無尚明乎旋欣旋獻且任且委者非入聖入仁之詣也之是而以自道者引人曰世且騖語聖二丘自還揣吾聖也乎哉吾猶也又誨人為聖也吾仁也乎哉吾為也又誨人為仁也不厭也不倦也夫自謂聖仁即此厭倦矣自揣不敢聖仁即此不厭不倦矣生獻倦視聖仁為易合之轍矣寔厭倦覺聖仁為難竟之局矣一同㞢歟一曰云爾總一擎邑不已之神情而豈有讓與任之歧念哉然

擬然　是

得得化○不能學差論學脉迹資仁聖也得之、得化可甚却妥視得化

則夫子不厭弟子誰能厭者夫子不倦弟子誰能倦者鼓學者精神原
與聖人不滅乃夫子能不厭弟子誰不厭者夫子能不倦弟子誰不倦
者參纖毫作皺証諸聖學已懸夫子謂云爾已乎云爾者該夫子也亦
所以嘆其不可及而能也子之言曰聖與仁則吾豈敢赤之言曰正唯
為不厭誨不倦則弟子豈敢吾烏知不厭倦之於聖仁何如祗覺學為
誨易學不厭倦難更覺學不厭倦難學聖仁猶易耳蓋千古之絕百千
古之下學也純為誨不必標聖仁之名目而千古之下學千百之皆諸
也祛厭倦即潛通聖仁之脈絡弟子乎試循子之誨以企子之為聖
人吾得而見之矣用力於仁而無不足矣是則夫子自道引人意乎

大入化境覺良蔚雲蒸只是一片松際微月大奇○宣尼一段接引總情獨此酬出

此○意○未○經○拈○發

妙

妙

題○神○在○此

子曰若聖 全節　　費洪學

嫌乎聖仁之名者、蓋乎聖仁之實者也。蓋非已至乎聖仁、則為與誨、安能、、然倦乎。此夫子辭之而公西華宗之耳。且世有聖人、天下莫觀其學之所存、蓋其精緻極至而無待于學者、誠莫能窺也。乃聖人不自謂無待于學、而必循循焉與人已俯就于學、則宜若恒修之易副而授之學者之所見不特化乎學者、固非學所可至、即此無關于學者亦已為學之所獨絕也。有如天下本聖仁之道、以之自治、以之教人、則聖與仁豈非以己所能者與諸弟子也哉。乃一己者忍舉而謝之、以至敢則何居。蓋一世賢乎其名也、至聖無聯、、縱

可矜矣寔矣豈任自然必有恭聖仁之名而不知其所以聖之若聖

必爲詩一

仁不若是之易一忽意于其實也與夫事非然嘗之歎前萬一涉而信

猶不

爲足據則是無聖仁之實而有妄謝以爲聖仁者聖仁不若是之誣

聖不○聖○

歟夫子之辭聖與仁也蓋真見夫聖仁之難盡而欲致力于務謝也

知也　未○仁○非○聖○爲○語○

一○筆○必○任○明○下○二○比○

然而爲諱亦豈易言哉今夫聖仁者自然之詣而爲諱者勉然之事

風○發○泉○湧○

也假令業求進于自然則不必刻勵以爲而自收速獲之效不必諱

層○爲

譬以自見其歡舞之神若循是爲焉諱焉不遑下學攻苦之常業

諱○正是○哲○不○仁○

者神奇絕物之端而何敢言仁也而何敢言聖也夫子別存諱于聖

卿情甫比意翻轉

仁而引而近之以爲人人可學而能者此矣一然爲諱者思然之事而

不斷者以為氣機之所新變

為誨之不厭倦者即行然之徵也假仁迹未息乎勉强則織使奮然以為求必不半途而欲息懈使懸然以誨未必不凌節而易弛乃亦鑽不厭焉不倦焉正足見純一不已之修與夫大道為公之量而聖豈外是也而仁豈外是也弟子知為誨之仰聖仁而推而遠之以為夫子之不可學而能者亦即此矣夫子曰抑惟此不厭不倦我猶足以云爾也公西華同正惟此不厭不倦弟子固已難學也然則夫子已極聖仁之能事而獨曰則吾豈敢何哉今而知同一聖仁之體自矣乎出之則實見聖理本無窮故在己無易足之業實見萬物皆同藏故在世無可棄之材遂造于聖仁而後覺聖仁之難副此心不

不○厭○○

○倦○豈○其○至○仁○實○際○

打○瞻○者○亦○繁○

小行○書○

費○○學○真○稿

若聖

論

嘗默來真都

自知其然而非其故爲謙也同一爲誨之功爲弟子學之則忘與孫

相因爲愈勤而厭愈伏或人與己思視誨愈嚴而倦愈生于辨乎爲

誨而後知爲誨之非易此學聖者能唯信其然而非過爲無小一賢

相喻不甚微

題若上下截各順逆口氣則勢必而局渙此文妙處在中間融會

大意凌空陡發二比將聖賢精神逆力透露團結一片洵推最高

通篇清湛無懈可擊

子曰若聖與仁　廖永淳

聖人欲知聖仁之實因與其名以稱震焉夫聖與仁人之所
然也未易言也子所爲即其名而重言之與且學者推演好
諭將好忽其勉然而徒慕其自然也顧不言自然者爲人易則終
無以厭其欣羨之心故知大我于從德底于純盛美之名唯爲人
所與爭者以聖人嘗與而必爲之致審于其際者正欲收天下共
明其實爾今夫大我于化者之謂聖德底于純者之謂仁雖聖與
仁當世與以以夫子也久矣乃一日者子不居之而瞿然動以
以聖之將也義理純備向嘗歷難見之思矣而不謂世

論

卅七

評

淵淵相推也何易視夫聖也仁之稱也心德渾全向嘗
言之見然而謂世之人輒輕以相許也是以易視夫仁也則亦
反振有勢
未舉夫聖與仁一者而一思之耳非謂生安本于天授為絕業之難
蒼難裁舞游又餘吃
幾也而忠道無不精其不思而得者為何若德無不脩其不思而
中者為何若間氣鍾靈所以開知覺之先而啟萬物之蒙其謂
望乎縱古來自多希聖之人而要不知我歷精神而乃從容念中
字飛動
耳矣　聖域之已臻也則聖之所以為聖者徒誇非謂希賢原
乎性成　下學所幾至也第思理然不復其安土之能敦者哉
者已無　克其長人之無體者為何若天心渟厚所以全命之

卅七

真以立道之極治真源斯乎即古今不易盡仁之士而毋不知
我經存而乃立遠無私乎若遽曰仁道之已安也則仁之所以
為仁也淺是故言聖則仁可我言仁則聖亦可及聖仁之名
兼而同歸矣天下有克全夫聖仁者乎如或有之彼聖與仁應
亦欲繼起之有人耳抑聖所刻期者惟仁仁所須效者惟聖聖仁
之諸得而益彰矣天下有無歉于聖仁者乎如或有之與聖
與仁月更吾同心之有侶耳孰知勉然者宜盡而自然者難也
夫以夫子仁智全猶不敢受而自居為況其下焉者哉
騰蔚之妙如闓河放溜瞬息無聲處歇題處為

卅八

若聖與仁 一節 翟景淳

聖以辭仁聖之名而莫掩其實、此門人所以嘆其難及也甚矣聖人之不自聖也、觀其不厭不倦、而仁聖之實昭矣、是豈門人之可及哉、

以來能留千載然見其深心

宜公西華仰而歎之也、且夫子當天、下共宗之目而常懷望道未見之心故其辭諸人者有自天下之言人者至聖而極矣天下之言德者莫仁而備矣大而未化固難語聖偏而未全於難語仁若曰吾聖

遽不多讓焉夫豈知所謂

且仁則吾之自謂亦甚矣吾豈敢于哉然仁聖雖不可能而[illegible]吾

（俱不肯多也）

心則固有是理也所以自爲者則必終始一致而緝熙光明之不已

則有真入化境

等學者而未至毋寧自棄而或厭焉推人之心則亦有是理也所以

明文得萃集 論語 稿

誨人者則必先後一揆。而因材成就之，不厭誨人，而未至將寧棄

（此句斡旋甚妙□□□）

人而或倦焉。此則吾之所以自謂者耳。是六子之言，固不自居其聖

（曰此章自信爾何有于我章又以為誨自然照之不自滿中終）

（實了之志也然未若泉湖氣未至一源可想）

且仁也，而仁聖之實則已昭然于盡己盡物之間矣。于是公西華仰

而嘆曰：德有盛而不滿，身有謙而愈光者，其夫子之謂也。夫子之不

（取正唯一字之神）

厭亦以為學之當如是耳，而非所以為難也。然非有純一不已之心

而達義理于無窮者，則雖勉而為學，亦且綣之以厭矣。是不厭豈可

（只淺講實致文已傳本其妙）

以易言也。夫子之不倦亦以誨人之道當如是耳，而非所以為異也。

然非有至誠無息之心而溥物成于無間者，則雖勉而誨人，亦且綣

之以倦矣。是不倦又豈可以易言也。夫子之所以易，正唯弟子之所

孰知之何其能學也哉。吁、若公西華者亦何繇知夫子之深者矣。屏去一切脂粉。天然妙麗。只口頭言語。却有一段奇氣橫溢其間。無他。齊文只是真耳。艾呂告天下醒字訣。我告天下真字訣。允文有不真之醒。無不醒之真。

若聖與仁

文齋 論語

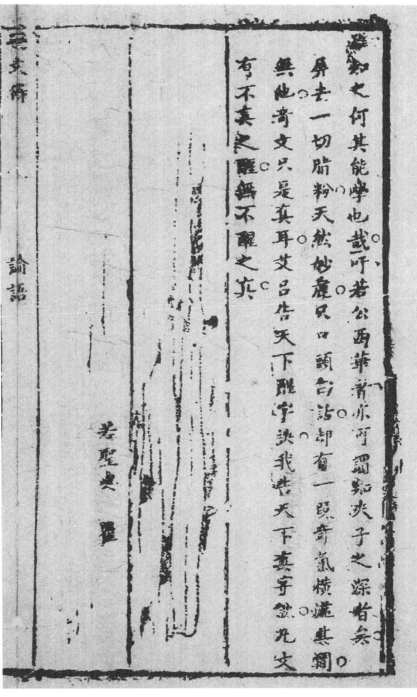

超等一名　游炳　學三

子曰周監　三章

美周禮之可從、守其是而不忘乎古也、夫郁郁乎文、禮之盛、六古者、非夫子孰知之、謹廟中而思鄉射、意深哉、昔夫子栖皇列國、所如不偶、雖東周有志、而古禮不復、則亦徒想像于先民有作已耳、（含蓄綿渺）顧盛治雖已難追、而依歸要自有定、典法所存、攷究殷焉、安得以（全神俱動）去古既遥、而云靡所適從也、粵稽我周盛時、文武布德化之治、元（提筆飛舞、下二章即包監二代、意妙極）公操制作之權、祀在廟堂、禘獨詳于有殷、有夏庠以養老、義寔兼于習射、教民其鉅細悉備、而朝野咸宜者、何郁郁也、則惟監二代之故、從周一言、子蓋思古禮而神往矣、然子不嘗曰我觀周道幽

好說節　屈折頓

厲傷之吾舍魯何適乎知乎魯即可以知乎周矣而一則以為猶秉周禮一則以為周公其衰古昔郁郁之文亦幾淩夸而不可復

往古調獨彈

旅矣子之入太廟而問每事正深求乎禮之是也正志切乎周之

紐合開鎖

從也或人何知乃以不知禮相誚厲哉且夫禮敬而已矣入於廟

振筆落下轉掀令明

而諮詢必謹則祀事孔明行於鄉而揖讓相先則王道可復遐想當日者干戈戢弓矢櫜偃武脩文入廟而告成功即從祀諸臣虎

乘風破浪瞬息千里

賁猶且脱劍禮所稱射不主皮不亦適逢其會也哉洎及今日貫革復興尚德不講是禮果安在古道之不存此非其一端耶然而

行筍首章押龍掉尾

我夫子追思往昔從先之志又烏能已已哉嗟乎杞宋既已無徵

文武於今為烈吾子當春秋世行道之志虛矣而禮不可以不講
故定一身之從其所以維禮意于廟中思禮文于鄉射者用深且（總收悠然不盡）
切撫今追昔之際蓋不禁感慨係之矣

骨節峭勁轉换分明老氣直橫九秋原評

機法從卷軸来則運筆自古有提挈有脫卸有關鎖有照應無
一不與古為化此豈學八比人所能耶九天與

興文課業

上諭

子曰周監　游

仰止亭

〇〇〇子曰君子　全節　　四川　王升　四十名

君子有以化天下之爭、聖人始終思其人焉、夫君子自有無爭者在也、乃即射而揖讓猶是焉、夫子能不舉以風世哉、若曰天下之大夲自瀆然未嘗有可競之境也自在我有一競物之心而入世無廻遂矣惟虛衷以應（此上句）恆存夫淡定之懷斯歷境以（此下三句）徵感服其薰冲之度而後知善世非難也亦在乎其在己者而已君是以思君子君子有靜以治一己之學故智名勇功要皆性分之餘君子有大以涵一世之量故天地民物悉歸意量之中（中深諸君子不得終其旨）其始無所爭乎爭之端大都原於慾氣之過盛而激烈自用遂挾才智以先人惜也其人多卓犖才也夫兩間名甚平耳我未絕造險于物之念而謂世境之多逆也情乎哉

故同一事也乎情者處之物斯脈脈斯濟焉蓋温厚和平之氣常足
知見操向上其人
以開物成務而行所無事以此知君子之心之虛也其神暇也爭之
王介甫未免與高談有新法之害
机大都起于念慮之多偏而堅僻不回遂執意見以凌物惜也其人
少克治功也夫萬物亦易與耳我未盡油然與偕之意而謂物情之
我忤也理乎哉故猶是人也坦懷者與之物斯樂樂斯化矣蓋長厚
豁達之意常若置腹推心而無所或拂以此見君子之心之公也其
量弘也顧或以人常無事之日冥懷以處亦或有以自高一旦時至
事起而物我形于其間其能勝負之俱泯哉則曷于無爭之人而談
一易爭之地以相求也必也射乎乃升則揖讓也下則揖讓也飲則
接王其爭便
揖讓也此不得謂君子之非爭也不得謂君子之果爭也其爭也不

……而以德人以之較勝而較負者君子即以之比躲而比禮一任
夫豈功偉績人所雖持而君子之從容者備是矣吾于近而益信其
肯綮而君子自其清超
為學問弘備之君子其爭也不以人而以天人以之形類而形精者
君子實以之序賓而序賢一任夫奇才異能世所共震而君子之沖
挹者躲此矣吾於是而益徵其為性情醇粹之君子其爭也君子不
依然無所爭也歟

前輩是題文則有昆湖震川正希天如諸公未比皆緊頂射說來
近則陳介眉仇滄柱兩先生房選尤力主此意謂是題重發上截
善審局者皆知之然多有說下截而仍複衍上句詩意者便少體
貼惟於孫君子未薦評云末句全從射上看精神真是抉郤導窾

足正時文之誤予於此作甚嘆其中後四比辭氣道勁䜟法精密絕不襲人口吻知爲良工心苦

君子　王

子曰君子　全節　　四川　何文翔　九名

著君子之無爭推一人以正天下也夫人之不安於靜者爭階之尔

乃觀子其於射且然其斯以為君子乎夫子尊一人以化天下也

曰人以身涉世不能寂然而無感者勢也然而性不足以制一己

之情則和平之繫遂失於所性心不能以安天下之遲則矜忿之[illegible]

遂乘於所來惟涵養純粹者祗以無事還天下而隨在皆[illegible]得焉故

足重耳吾思唐虞以前尚矣三代之教士也詩書禮樂有其文周旋

進反有其度何也數諫也凡欲天下咸化爭心而歸於中和也今非

洋人情逆翻方落君子俱見步飛

猶三代之遺乎乃競騖智名勇功者既流為人心之隱慮矯稱仁義

出君子有

道德者必積學術之深憂人之群趨于爭也所從來遠矣不有君子

力

其流豈不極乎君子性定於天本無名心何名之不忘本無才念何

正滂無多

才之不化蓋見夫吾性之內固有是坦然而各遂者雖極天下之最

已〻點〻下〻意〻如

推灯巨劍跳〻躍〻

雖平者而君子安之自若也君子學優于養本不計功何功之可伐

本不較能何能之可矜彼誠見人生之始固有是靜為而各正者雖

任人世之最易逞者而君子處之如素也然則天下何事可見其爭

哉而亦何必不就其可爭者以益見其無爭也試即以射論比耦分力

筵〻次〻〻歷〻落

雍〻也秦多而退何抑〻也揚觶而前又何謙〻也有是哉君

子之終揖讓如此哉夫人雖極好名平居自矜雅度而一歷討是

非毀譽之交遂不禁競心之一往有君子而雍容足式凡天下得失

挽鵠射学神清兼絕

之林皆可作射時觀也其爭也亦自成為君子而可以化天下之爭

也矣抑人雖至退藏沖懷不欲上人而一涉乎得失榮辱之介遂不禁矜氣之怱來有君子而藹吉可親凡事爰紛紜之會俱可揖讓相將也也忽遽成爲君子而並可聽天下之爭也矣故逌居而談則平情鎮物可維一代忠厚之風正色以立朝則道氣迎人可召兩間太和之象領安得世盡君子哉

起一段橫空排奡全體邊幽曲嶢刻絕非凡蹊　主考林評

溷世情易爭翻起方轉到君子無爭正面意不重複法自超絕後二比略排一步仍緊挽回射字又焰末句其爭也煞住熟讀先輩諸篇始知是文之妙

子曰君　何

子曰君子　一節

四川　何洪先　二十六名

於君子而信無爭即於其爭而益信君子矣夫有所爭者必非君子也彼射非爭時乎而揖讓如是不猶然無爭乎嘗觀天地生而虛其中己與物共處之矣乃己心生而虛其中而有物以間之反至不能容一物柳何隘也惟夫世有至人而坦懷以處平一己之情焉因以平萬物之情焉即極諸最難平之境而無不共平其情焉斯固非恒情所易測者是必屬諸君子君子蓋無欲於己者也我生之初原自淡然迨有欲於己則失其素定而爭以起焉君子理以制欲之非能却物之不我累也要恃我之不為物累故無論事為未接而淡然者自若即當萬感紛投勢雖靜鎮而本此無欲之衷以相酬酢藹藹乎無

能可伐也無才可矜也廓然大公之中無往不形其坦易焉已矣君
子又無求於人者也獨處之際誰非坦蕩迨有求於人則奪於外誘
而爭以形焉君子遏以御情非能必世之不我競也要在我之不與
世競故并論人已未形而坦然者如故即當萬類雜乘勢多紛擾而
下三句意已暢波筆對
本此無求之素以相周旋抑〻乎待不必在已也失不必在人也油
然順應之內無適不昭其恭遜焉已矣蓋無所爭者也然於無爭而
欲浹其爭意者慨孤扶失之時或可見其凌競之迹乃於有爭而蓋
信無乎則即於發的命中之頃終不廢夫禮樂之容升也下也飲也
其爭也乎何等暇抵
射而揖讓是尚得以爭言之哉即曰爭也則是較勝者非其爭而雍
容者乃其爭乎由是而準之舉凡事關名教義在綱常不憚危言激

此正語敎乎之爭依所無爭不必又加無爭話頭
烈乎天下之所不敢爭者要不過明其理之至是而初非以我加人
焉斯其量誠足以服天下耳抑氣矜者非其爭而樂易者予其爭乎
就射推說妙在人飛才黏
即此而推之舉凡洪閑理亂學術異同不悱陳詞慷慨爭人之所不
能爭者要祗以論其義之至當而斷非從人從己焉斯其風誠足以
感百世耳其爭也不仍然君子也哉不然在上起疑忌之端在下樹
吾道之歎此爭之為累也使非君子何以善其後乎
人但言君子無爭耳此猶推原所以無爭之由在乎無欲無求而
己君子理以制欲道以御情曠然大公泊然順應非不爭也自
無所爭耳此等議論渾融理致透徹不逞才氣而才氣皆不出其
範圍是謂醇而後肆之文

子曰君子　全節

四川　宋繼均　二十二名

表君子之無爭將以化天下之爭也夫君子固不可以爭言也即射以觀所遴成君子之爭爾此夫子尊君子以化天下也曰若人德業豈不能任而居必貴乎能虛久矣夫身世之交未可以競心處也惟世有至人其沖然淡定者即歷之群爲較長之際而遜如其從容遜

神氣孫茶洵說快

順之常此其涵養者甚裕而其人甚遠矣何也凡物有所不足於己而後有所取有所取而來必概乎其與則爭之府也凡人有所甚慕

姿

紛警忽散

於中而因有所必赴或已赴而自矜其長則爭之階也昔者先王之

看題若續直是古文作手

治天下也游之禮序樂和之中制之進反周旋之節凡以養和平之

出君子郭首三

德而消亢戾之氣與天下共遊於無爭之地也而体之者惟君子道

德不深入世輙多異同之見君子慎持有素其渾一世於淡忘者有
不覺矜躁之悉平涵養未粹處已恒多意氣之擾君子矢念既純其
處一已於雜和者有不覺念慮之常下是故其靜也凝然其動也坦
（極蒼老極安逸非等常筆家所能到）
然其持已而接物也藹然欲求無爭之心而不能也即欲求其爭之
迹而無從也無已則觀之射乎今夫射所以觀德也未始非角藝焉
所以教讓也未始不存賢焉觀於張弓挾矢之餘似亦隣於爭矣之
沂為然其升而下下而飲秩秩乎有度也油油乎遜洽也識者觀始
終之揖讓而益以見君子矣獲中踹和早已齊得失於勿論而即此
（紫焰騰空與一味混講者不同）
得失互形者猶然獲踹之無從自非無爭而何以其爭如是也則極
（推明二字不見繁冗之形）
之而親遜可型太和可致孰非持已自抑之心時措而咸宜也哉禮

陶樂淑早已泯勝負於不言而即此勝負之見者依然禮樂之雍容

其爭也爭兩上五形者易句有形

觀于其爭而所為無爭益見也則極之而仁讓可敬雍動可奏氣非

與物無競之念四達而不悖也哉其爭也不依然無爭之君子哉吾

頫之下盡如君子可矣

無所爭就君子平日說特舉射之易爭以形出君子雖爭而不爭之

耳文詞曲折引人入勝而筆神湛雅正如虢國夫人不施脂粉自

有天然佳致見者當為傾倒

子曰君　宗

子曰君子　全節　　　　四川　袁士雲　名三十

爭不於迹而於心惟君子能忘之焉盖爭之在迹者易制而在心者
（之洽服術）
難忘君子之無所爭也不於射而益見哉嘗思天下事天下人所共
為也何所容吾意氣也者而偏私之士挾其獨見必謂吾是而人非
忘欲我滑而人失彼此形而異同起胥天下而遂為角勝之區也惜
也夫泰敎于君子矣君子繹數十年之淬礪而知吾學莫大於主敬
（主敬去矜是宋儒絕大學）
故其持己也克恭君子積數十年之克治而知吾心莫難于去矜故
（拈挂恭遜）
（閒）
其接物也能遜恭與遜合其處天下事也未嘗不抗言正論以決當
（千錯百煉發異万乎）
代之從違而慷慨之意出以從容彼負氣以凌者覺其然愧已其待
天下人也亦不必折節矯情以飾一時之度量而謙吉之形本於坦

齊魯鄉墨選　上論　丁卯科

易彼匿情以拒者亦惶然失已温乎其容也恢乎其度也藹藹乎其言論而坦坦乎其意量也蓋無所爭也而或者試之以易爭之地嘗之以見爭之時處之以不得不爭之事必也射乎乃升而下下而飲揖讓雍容威儀秩秩其爭也藉非君子而能然哉涉世而逞意見皆由學力之疎君子理足則量弘量弘則私化任材力之互競猶是納躬於執物也故聞其風可以興禮樂飾躬而峻手裁亦由道術之淺君子養深則氣靜氣靜則神恬極勝負之相形依然讓揖于中和也故極其量可以措兵刑世而有君子乎吾將與之共揖讓焉

丹生四句自見言致

述他共爭語氣

是承揖讓二句畢

一氣融貫萬象包羅如此短篇固千錘百煉而出豈淺人所能學步蜀中久無佳墨是科人總裁得許時菴先生暨予姪玉巖極力

蒐採皆一時名彦論其才情雄傑學識淵博𢧐頂漢宋以来之盛

令我情移於錦江玉壘矣

君子

袁

子曰君子　一節　四川　詹洋　五名

君子之無爭觀于易爭之地而益見焉蓋惟君子自無所爭也觀于射而讓如此孰謂君子之有爭哉今夫若曰世有至人其生平心用。固鵠乎可他也即其持己接物之間絕無往不形其樂易焉觀于人所易競之會而彼特有從容自得之休則其人固以遠矣參之以愚君子嚴氣正性必不予末流以還就之端而世之矯情鎮物者競花焉豈知君子自有中和之學齊秉道揆撥必不開斯世以委靡之習而世之作意凌人者競勝焉豈知君子固有渾厥之性情以我忌以天予蓋無所爭者也名高爲世所尤氣盛爲物所畏君子不敢也持之以恭而將然競然之卷泯忠義之所激發守身而非以抗身

名數之所秩持服物而非以震物雍雍乎無所偏分無所覺也何爭
爲最焉負才者才過而驕恃智者智深而刻君子不敢也守之以遜
補正平所以不爭
而退然意氣之不形道氣足以近人而沖虛者亦式懿微可以澤躬
而柔嘉者雖則抑抑乎無所亢亦無所歉也何爭之有焉而或謂習
本寅一
枝枝作滅淘名自有發
俗移人賢者不免乎居籍仁道義自謂與物無爭而人我之見未忘
勝敗之情難化當迫不及待之會而矜情偶作抗論易生毋乃為人
情情乃吾嘗辨之于可爭之地窺之于易爭之時而確有以信君子
己注來句
提筆自老
矣今　忖非宜爭而不宜讓者孰比耦而進射固有升矣而揖讓而
升者君子也射畢而退射固有下矣而揖讓而下者君子也取觶立
其爭也技誇直捷
飲射固有飲矣而揖讓而飲者君子也則是其爭也抑何雍容之不

迫若此也哉以持弓挾矢之事而一本和順之道以出之彼不知君
子者遂謂亢厲之氣或所不免耳而兢意其仍是雍容之君子哉其（恰和佳君子）
爭乃何遂順之脩至若此也哉以發的祈爵之文而一由知乎之（若折有致）
意以居之彼不知君子者遂謂凌競之習或所難辭耳而兢意其仍（波拾秘老）
是遂順之君子哉其爭也君子洵乎君子無所爭也頎安得天下而
盡皆君子歟
無爭乃是義理合當如此稍涉意見則爭必出於矯激而為孟博
元礼諸君即無爭亦并于柔軟而為長樂模稜一流俱非君子之
所以持躬接物者也文講無爭還題無爭講其爭還題其爭正於
兩處合觀君子方見爭而不爭自有大中至正的作用理學史學

雲園墨選　上論　丁卯科

宦園分墨選　上諭　丁卯科

爛熟胷中故筆下玲瓏透徹波瀾以取勢宕折以取神脩極行文之樂事

君子　莒泮